# 세상을 변화시키는 비전
*World Transforming Vision*

# 세상을
# 변화시키는
# 비전

최용준 지음

*World Transforming Vision*

아침향기

# 서문

제가 섬기는 한동대학교의 모토는 'Why not change the world?'입니다. 이 세상에 발을 붙이고 살아가지만 이 세상에 속한 것이 아니라 하늘 나라의 시민으로 살아가야 하는 그리스도인들은 언제나 이미 이루어진 그러나 아직 완성되지는 않은 하나님 나라의 현재성과 미래성 가운데 종말론적 긴장을 가지고 살아갑니다.

이러한 그리스도인의 삶은 현실에 대해 세상의 악을 보면서 절망하지도 않고 세속을 떠나 천국만 바라보며 낙관하지도 않습니다. 세상 속에서 살아가지만 세상의 흐름을 따라가지 않고 하나님 나라의 가치를 붙잡고 믿음과 소망 가운데 사랑을 실천해 나가야 하는 사명을 가지고 있습니다.

본서는 제가 지난 2년간 이러한 문제의식을 가지고 매월 발표했던 칼럼들을 모은 것입니다. 전체 24개 주제를 크게 네 가지로 엮어 보았습니다. 첫번째로는 '교육이 살아야 미래가 있다'는 주제입니다. 공교육이 무너지고 출산율이 최저로 떨어졌으며 자살율이 상승하고 고령화가 급속도로 진행되는 한국 사회의 위기를 보면서 결국 올바른 교육을 회복하지 않으면 안된다는 절박한 심정으로 쓴 글들을 모아 보았습니다. 두 번째로는 '세상을 변화시키는 비전'이라는 중심 주제인데 이 세상의 여러가지 문제들을 어떻게 보아야 하고 극복해야 할 것인가에 대해 고민해 보았습니다. 세번째는 '현실과 영성'으로 신앙적인 이슈들과 그것을 삶 속에 실천하는 사례들을 모아 보았습니다. 마지막으로 세계 여러 나라의 도시들에서 발견할 수 있는 영적 통찰력에 관한 글들을 모아 보았습니다.

바라기는 이러한 작은 글들이 이 시대를 살아가는 그리스도인들, 특히 청년들에게 조금이나마 도움이 되어 하늘 나라의 샬롬으로 세상을 변혁시키는 작은 출발점이 되길 바랍니다.

2016년을 마감하며
독일 Aachen에서
저자

**목차**

## 제1부 : 교육이 살아야 미래가 있다

| | |
|---|---|
| 네덜란드 및 독일의 기독 교육 | 11 |
| 프란케(Francke)의 영성과 비전 | 16 |
| 가정, 교회, 학교 교육의 일체성 | 21 |
| 네덜란드에서 개최된 광복 70주년 한민족 축전 | 26 |
| 독일의 화해 노력 | 31 |
| 휘튼과 한동의 밀알 | 36 |

## 제2부 : 세상을 변화시키는 비전

| | |
|---|---|
| 행동하는 믿음 | 43 |
| 네덜란드의 생존 전략 | 47 |
| 한 네덜란드 노교수의 환대 | 51 |
| 지도자의 기본 자질 | 55 |
| IS의 세계관 | 59 |
| 나가사키: 현대 일본을 여는 열쇠 | 63 |

## 제3부 : 현실과 영성

| | |
|---|---|
| 교회의 생일 | 71 |
| 미궁(迷宮)의 영성(靈性) | 75 |
| 성탄 마구간 | 79 |
| 동성애와 동성혼 | 84 |
| 메르스(Mers) 바이러스가 주는 교훈 | 89 |
| 북한의 핵실험과 경주 지진이 주는 교훈 | 93 |

## 제4부 : 세계를 보는 통찰력

| | |
|---|---|
| 체코(Czech)의 해골 교회 | 99 |
| 아헨(Aachen)의 역사가 주는 교훈 | 103 |
| 엠든(Emden)의 영적 유산 | 107 |
| 리투아니아(Lithuania)의 십자가 언덕 | 111 |
| 중국 심천(深圳, Shenzhen)의 역동성 | 115 |
| 세도나(Sedona)의 도전 | 119 |

PART 01

# 교육이 살아야 미래가 있다

**World Transforming Vision**

# 네덜란드 및 독일의 기독 교육

지난 2016년 9월말과 10월초 네덜란드와 독일에서 개최된 두 컨퍼런스에 다녀왔습니다. 먼저 네덜란드의 룬터런(Lunteren)이라는 곳에서 개혁교회 중심으로 네덜란드, 캐나다, 미국, 호주 그리고 남아공에서 온 교사들이 모여 "The relevance of the reformed school for society(개혁주의 학교들이 사회에 대해 갖는 함의)"라는 주제로 제 5회 국제 개혁 교육 컨퍼런스(ICRE: International Conference for Reformed Education)가 열렸는데 저는 게스트로 초청받아 제가 섬기는 교육대학원 사역을 나누었으며 다 함께 기독 학교 및 교육에 대해 진지한 나눔을 가졌습니다. 하나님께서 부르신 교육 현장에서 빛이 되기 위해 성령의 도우심을 구했습니다. 말씀을 통해 격려를 받았으며 각 학교 소개를 하여 서로를 이해하는 데 큰 도움을 받았습니다.

기독 교육이 사회에 가지는 함의는 두 가지로 설명했는데 첫째는 학교에서 학생들은 그리스도인으로 인격이 형성되며 사회에 공헌하는데 필요한 지식과 기술을 습득하는 점입니다. 둘째로는 학교가 사회의 한 구성원으로 사회에 참여한다는 점입니다. 두 점 모두 중요하며 기독 학교는 두 부분 모두 기여할 수 있습니다. 소명이 무엇이며 이것을 어떻게 실천하는지 그리고 한 학교에서 이루어지는 좋은 예들이 다른 학교에 어떻게 도움이 되는지를 나누었습니다. 또한 아침마다 경건의 시간도 가졌는데 종교개혁 때 부르던 찬송을 불렀고 심지어 하이델베르크 요리문답을 찬송으로 만든 것을 보고 놀라기도 했습니다.

두 분의 주 강사 중 첫 번째 분은 기독 교육이란 원칙적으로 학생들에게 하나님께서 창조하신 세상을 잘 발전시키며 돌보는 문화 명령(Cultural Mandate)이며 이것이 바로 세상에서 가져야 할 사회적 책임이라고 강조했습니다. 두 번째 분은 보다 내면적인 인격 형성(Bildung/Formation)의 중요성을 언급하는 동시에 기독 학교가 이 사회에서 대안적 공동체가 되

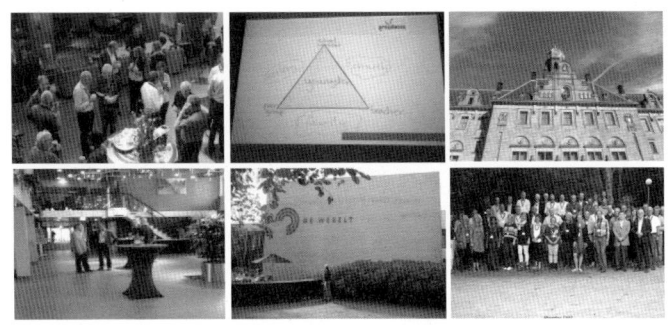

어야 할 것을 나누었습니다. 저는 전 세계에 흩어져 있지만 하나님 앞에서 진지하게 소명을 다하려고 노력하는 기독 교사들의 모습에 큰 도전과 감동을 받았습니다. (사진 참고)

나아가 독일의 지겐(Siegen)에서 개최된 기독 학교 연합회(VEBS: Verband Evangelischer Bekenntnisschulen e.V. / Association of Independent Evangelical Schools) 10주년 기념 국제 컨퍼런스에 초청받아 참석했습니다. (아래 사진) '진리와 관용 간의 교육 및 긴장(Education and the Tension between Truth and Tolerance)'라는 주제로 1. 보편적 교육, 2. 시민 교육 및 인성 형성, 3. 교육 및 열방의 치유, 4. 다문화적인 유럽에서 진리와 관용이라는 소제목으로 인도에서 오신 비샬 망갈와디(Vishal Mangalwadi) 박사의 주제강연 및 다양한 워크샵이 진행되었습니다.

grundschule-detmold.ahfs-detmold.de/fileadmin/news/Pressemeldungen/2016-10_Kongress3.jpg

이와 동시에 스웨덴, 헝가리 등 다양한 나라에서도 대표자들이 왔는데 스웨덴의 경우 기독 사립학교에 대해 네덜란드처럼 전액 정부의 재정 보조를 받지만 네덜란드보다 훨씬 더 세속화된 정부의 간섭을 받고 있음을 알게 되었습니다. 저는 마지막 패널 토론에 참가하여 통독 기념일(매년 10월 3일)을 하루 앞두고 독일이 통일된 26주년을 축하 하면서 한반도의 통일을 위해 기도를 부탁했습니다.

네덜란드와 독일은 칼빈과 루터의 종교개혁을 통해 교회뿐만 아니라 사회 전체가 개혁된 선진국입니다. 두 나라가 모두 비교적 건강하고 모범적인 선진국인 이유는 결국 교육을 통해 훌륭한 인재들을 많이 길러 내었기 때문이라고 생각합니다. 하나님께서 아브라함을 축복의 근원으로 삼으시겠다고 하면서도 거기에는 한 가지 조건이 있었는데 그것은 바로 창 18:19에 나오는 말씀입니다. 즉, "내가 아브라함을 선택한 것은, 그가 자식들과 자손을 잘 가르쳐서, 나에게 순종하게 하고, 옳고 바른 일을 하도록 가르치라는 뜻에서 한 것이다. 그의 자손이 아브라함에게 배운 대로 하면, 나는 아브라함에게 약속한 대로 다 이루어 주겠다"는 것입니다. 결국 올바른 교육이 축복의 통로가 된 것입니다. 부모들이 자녀들을 낳고 올바로 신앙적으로 양육할 때 우리에게는 더 나은 미래가 있는 것입니다. 특히 이 두 나라에는 사교육이 없으며 대학 교육도 거의 무료입니다. 반면에 한국에는 사교육 시장이 일년에 약 40조라고 하는데 이로 인해 부모의 교육비 부담도 커지고 있으며 학생들도 큰 스트레스를 받아 결국 출산율이 떨어지는 중요한 하나의 원인이 되고 있습니다. 출산율이 최하위로 떨어지고 학교 및 교회 교육이 무너지는 이 시대에 이 말씀이 새롭게 우리 사회를 회복시키는 전환점이 되길 소망합니다.

# 프란케(Francke)의 영성과 비전

지난 2016년 1월말, 필자는 독일 동부에 있는 할레(Halle)라는 도시를 잠시 방문한 적이 있습니다. 이곳을 방문한 이유는 여기에 아우구스트 헤르만 프란케(August Hermann Francke: 1663-1727)가 세워 운영하던 학교, 고아원 및 약국 등이 남아 있기 때문입니다.

프란케는 독일의 북부인 뤼벡에서 태어나 신학과 고대 근동의 다양한 언어를 공부하다가 경건주의의 영향을 받으면서 자신의 삶을 주님께 헌신하게 된 복음주의적 신학자이며 목사였고, 박애주의자이며 성가곡 작사자인 동시에 교육자였습니다. 이 분을 중심으로 할레에서는 경건주의 운동이 일어났고 1698년에 프란케 재단(Franckeschen Stiftungen, Francke Foundations)을 설립했는데 이 재단은 지금도 있습니다.

  1687년에 그는 진정한 회심을 경험한 후 1692년부터 1715년까지 할레 근처에 있는 글라우차(Glaucha)라는 곳에서 목회를 하다가 1715년부터 1727년까지 할레에서 목회했습니다. 그러면서 주변에 있는 많은 고아들을 돌보며 교육하다가 그 규모가 커져 프란케 재단을 설립하게 되었고 이 재단을 통해 고아원 뿐만 아니라 학교 및 신학원도 세우게 되었습니다. 주로 종교 교육이 중심이었지만 자연과학, 체육 그리고 무역까지도 가르쳤으며 지금도 이 재단 본부 건물에 가보면 당시 세계 여러 나라에서 기증받은 다양한 물건들이 있음을 볼 수 있습니다. 나아가 약국도 경영하였고 성경을 인쇄하기 위한 인쇄술도 보급하여 프란케를 제 2의 마틴 루터라고 부르는 사람들도 있습니다. 프란케가 소천할 당시 학생들은 2300명에 달했으며 그의 교육 방식은 나중에 독일의 교육제도에 결정적인 영향을 미쳤습니다. 약 50년의 공사를 통해 약 2500명이 함께 살 수 있는 고아원, 학교, 약국, 일터, 유치원 등의 건물이 완공되어 이상적인 기독교 공동체를 이루었으며 이를 통해 할레 사회를 변화시키는 결과를 낳았습니다. 그의 영향으로 할레는 독일 경건주의 운동의 중심이 되었으며 나아가 전세계에 많은 선교사들도 파송하게 되었습니다. 그 대표적인 예가 인도에 있던 덴마크-할레 선교회 (Daenisch-Hallesche Mission)였으며 우리가 잘 아는 모라비안 교도들의 지도자였던 진젠도르프(Nikolaus Ludwig von Zinzendorf)도 프란케의 영향을 많이 받았다고 합니다. 이 선교회를 통해 남 인도에 파송된 지겐발크(B. Ziegenbalg)는 개신교 최초로 타밀어로 신약 성경을 번역하여 많은 선교의 열매를 맺었으며 우리 나라 고대도에 왔던 최초의 선교사인 칼 귀츨라프(Karl Friedrich August Guetzlaff)도 바로 할레에서 공부하였고 태국어로 성경을 번역하였습니다.

그의 삶에 결정적인 영향을 준 성구는 먼저 요한복음 20장 31절입니다. "그런데 여기에 이것이나마 기록한 목적은, 여러분으로 하여금 예수가 그리스도요 하나님의 아들이심을 믿게 하고, 또 그렇게 믿어서 그의 이름으로 생명을 얻게 하려는 것이다." 그는 이 말씀이 복음의 핵심임을 깨닫게 되었고 나중에 그의 사역을 시작하면서 할레에 있는 프란케 재단 본부 건물에는 이사야 40:31 말씀을 기록했습니다. "오직 주님을 소망으로 삼는 사람은 새 힘을 얻으리니, 독수리가 날개를 치며 솟아 오르듯 올라갈 것이요, 뛰어도 지치지 않으며, 걸어도 피곤하지 않을 것이다." 이 말씀에 기초해서 프란케 재단의 로

upload.wikimedia.org/wikipedia/commons/7/71/Franckesche_Stiftungen_Waisen
haus_2009.jpg

고가 디자인된 것입니다(위 사진 참조). 프란케로부터 배운 헤커(Johann Julius Hecker)는 1747년 베를린에 최초로 실습 위주의 교육을 실시했던 레알 슐레 (Realschule)를 세웠고 이듬해인 1748년에 독일 최초로 사범대학을 설립했습니다.

그의 영향으로 독일에는 그의 이름을 딴 아우구스트 헤르만 프란케 슐레가 여러 군데 설립되어 모범적인 기독 학교로 귀한 인재들을 양성하고 있으며 이 학교들은 다른 기독학교들과 연합하여 VEBS(복음 기독학교 연맹 Verband Evangelsicher Bekentnisschuleen e.V.)라는 법인체를 결성하여 상호 협력하고 있으며 이 단체는 또한 전세계 여러 나라의 기독학교들과도 자매 관계를 맺어 교류를 확대하고 있습니다. 한국에도 공립학교의 여러 가지 문제점들과 세속화된 미션스쿨들에 대한 대안으로 다양한 기독학교들이 세워지고 있는데 이 프란케의 영성과 비전을 더욱 깊이 배워 이 세상을 변화시키는 기독 인재들을 양성해야 할 것입니다.

# 가정, 교회, 학교 교육의 일체성

지난 2016년 1월 18일(월)부터 23일(토)까지 저는 한동대 교육대학원에서 주관하는 네덜란드의 기독 교육 연수 프로그램을 섬겼습니다. 네덜란드 교육의 역사는 크게 네 단계로 나눌 수 있습니다. 첫 단계는 16-17세기였는데 이 때는 네덜란드가 독립하면서 추구했던 칼빈주의적 교육철학이 지배적이었고 두 번째로는 18세기 초에 프랑스가 네덜란드를 지배하면서 계몽주의적 근대주의를 중심으로 국가의 주도하게 이루어진 공립학교 중심적 교육 사상이 중심적이었으며 세 번째 단계로는 이 사상에 대항하여 19세기부터 아브라함 카이퍼(Abraham Kuyper)를 중심으로 한 신칼빈주의자들이 일으킨

학교 투쟁 및 기독교 사립 교육 운동이 일어나 마침내 사립학교들도 1917년부터는 정부의 동일한 재정 지원을 받게 되었습니다. 20세기 후반 이후에는 다원주의가 광범위하게 영향을 미치고 있지만 이러한 흐름 속에서도 기독교적 정체성을 지키려고 노력하는 기독 학교들이 있음을 확인할 수 있었습니다.

이 연수를 통해 먼저 네덜란드 기독교 교육철학은 무엇보다 가정교육을 강조했다는 점을 알게 되었습니다. 한인 부모들의 경우 교육에 관한 모든 것을 학교에 맡기려는 경향이 많음을 부인할 수 없습니다. 하지만 네덜란드의 경건한 칼빈주의자들은 처음부터 지금까지 가정과 교회 그리고 학교의 삼위일체적 교육이 매우 중요함을 강조하고 그것을 현실에 적용하고 있습니다. 그러므로 한국의 기독 학교들과 부모들 그리고 교회는 더욱 상호 협력해야 할 것입니다.

둘째로 네덜란드 기독교 교육철학은 어떤 교육도 중립적일 수 없으며 계몽주의적 모더니즘에 근거한 근대의 공립학교교육도 사실은 인본주의적이고 국가주의적인 세계관을 형성하는 교육이라는 점을 잘 지적하였습니다. 따라서 그러한 세계관이 학생들에게 미칠 부정적 영향을 심각하게 고려하면서 자녀들을 보호하고 성경적 세계관을 적극 형성할 수 있는 기독교 교육을 해나가야 하며 그런 의미에서 기독교 교육은 초등학교부터 세계관 교육이 필요하다고 말할 수 있습니다.

셋째로 기독교적 교육은 학교의 구성원을 기독교인으로 채우고 채플을 갖는 것만을 의미하는 것이 아니라 신칼빈주의자들이 강조한 것처럼 삶의 모든 영역을 포함해야 합니다. 즉 기독교적 세계관에 의해 교육목표 설정, 교과과정 형성, 학생 상호간의 인간관계 및 기타 모든 학문과 동아리 활동이 신앙 및 삶과 분리되는 이원론에 빠지지 않고 조화롭게 통합되어야 합니다. 이 점이야말로 네덜란드의 기독교 교육철학에 대해 한국의 기독교 학교 교육가들에게 가장 관심을 두어야 할 부분이라고 생각합니다.

넷째로 네덜란드 기독교 교육철학은 정부가 주도하는 학교교육에서 부모의 교육권이 박탈되어서는 안 된다는 점을 보여주었습니다. 특히 부모의 교육권은 부모 스스로 지지하는 인생관에 따라 자신의 자녀들을 교육할 수 있는 자유를 의미했다는 점이 중요합니다. 국가가 이데올로기에 따라 국민을 획일적으로 통합하는 기재로 삼았던 근대국가의 공립학교교육에서 네덜란드 기독교인들이 교육의 자유를 주요한 가치로 내세워 기독교학교의 정당성을 얻어낸 것은 우리에게도 기독 공동체 안에서 부모를 위한 교육, 부모의 교육적 의무에 대한

인식의 제고를 위한 교육의 필요성을 일깨워줍니다.

다섯째, 네덜란드 기독교 교육철학은 교육을 위한 사회적, 정책적 참여의 중요성을 일깨워줍니다. 네덜란드에서 기독교 학교의 자유와 권리는 기독교적 사회 운동과 정치 참여를 통해 획득되었기 때문입니다. 반면에 한국의 기독교 학교 역사에서 기독교인들은 이러한 목적을 위한 사회, 정치적 참여에 소극적이었고 이를 위한 연합 노력을 이루지 못했습니다. 네덜란드의 기독교 사회정치운동은 기독교학교운동과 맥을 같이 했다는 점에서 한국 기독교 학교 관련자들과 기독 정치인 및 공무원들은 기독 학교와 기독교교육의 법적, 제도적, 정책적 지위를 확립시키는 일에 관심을 가지고 협력해야 하며 기독 시민들도 적극 협조해야 할 것입니다.

마지막으로 네덜란드 기독교 교육철학은 1960년대 이후 세속화에 대응하지 못하고 사회의 흐름에 타협함으로써 약화되었으며 그 결과 기독교학교는 다른 세계관을 가진 학생들도 수용할 수밖에 없는 상황에 이르면서 기독교적 정체성을 유지하기가 어려워지게 되었습니다. 따라서 기독교 학교 운동의 동력과 유지 및 발전은 결국 복음화 운동과 연결되어야 함을 기억하고 세속적이고 다원화 되어가는 한국사회 내에서도 효율적인 복음화 사역도 병행해 나가야 할 것입니다. 따라서 기독교인들로만 이루어진 교육공동체로서의 기독교학교의 설립 필요성과 함께 기존의 기독사립학교들도 더욱 효율화 시켜 나가는 노력을 동시에 기울여야 할 것입니다. 이를 위해 네덜란드에서는 심지어 천주교 사립학교들과도 연합하여 'VERUS(verenigniging voor katholiek en christelijk onderwiks 가톨릭 및 개신교 기독교교육협회. www. verus. nl)'라는 협의체를 구성하고 함께 협력하는 모습을 참고하여 한국 내에서도 기독 교육에 참여하는 모든 학교 및 단체들의 전체적인 협력체를 구성하여 함께 하나님 나라의 인재를 키우도록 노력해 나가야 할 것입니다(신 6:4-9; 엡 6:4).

# 네덜란드에서 개최된
# 광복 70주년 한민족 축전

지난 2015년 8월 15일 네덜란드에서는 매우 특별한 광복 70주년 기념행사가 개최되었습니다. 이 준 열사 순국 108주년 기념 및 이준 평화박물관 (www.yijunpeacemuseum.com) 20주년을 함께 기념하면서 네덜란드와 벨기에 그리고 독일에서 온 교민들이 함께 광복 70주년의 감격을 축하한 것입니다.

네덜란드는 서양의 국가로서 우리나라와 가장 오랜 역사적 관계를 가진 나라입니다. 왜냐하면 1627년 우리나라에 최초로 온 서양인들이 바로 네덜란드 사람들이었기 때문입니다. 얀 벨테브레 (Jan J. Weltevree, 한자는 '朴燕' 또는 '朴延')는 네덜란드의 북홀란드주의 작은 마을인 드 레이프 (De Rijp)에서 태어나 1626년 홀란디아(Hollandia)호 선원으로 동양에 왔다가 이듬 해 아우베르께르끄(Ouwerkerk)호를 타고 일본으로 향하던 중 풍랑을 만나 표류하다가 제주도에 도착하였습니다. 동료 선원이던 헤이스베르츠(D. Gijsbertz)와 페르베스트(Jan P. Verbaest)와 함께 연료와 음료수를 구하려고 상륙했다가 조선 관헌에게 잡혀 1628년(인조 6년) 서울로 압송되었습니다. 그 뒤 이들은 훈련도감에서 총포의 제작·조종에 종사하다가 1636년에 병자호란이 일어나자 출전하여 헤이스베르츠와 페르베스트는 전사하였습니다. 그 후 1653년(효종 4년)에 하멜(H. Hamel) 일행이 표류해 제주도에 도착했을 때는 직접 제주도에 가서 통역을 맡았다고 합니다. 그리고 이들이 서울로 압송되었다가 병영(兵營)으로 이송되기까지 3년 동안 함께 지내면서 조선의 풍속과 말을 가르쳤다고 합니다. 큰 키에 노란 머리, 푸른 눈을 지녔으며 겨울에 솜옷을 입지 않을 정도로 건장했으며 그가 보았던 세계 여러 나라의 풍물과 천기(天氣) 관측에 대해 즐겨 이야기하고, 자주 선악과 화복의 이치를 말해 도자(道者)와 같은 면모를 보였다고 전해지는데 아마도 개신교도였기에 복음도 전했을 가능성이 많다고 봅니다. 그는 서울에서 조선 여자와 혼인해 1남 1녀를 두었다는 기록이 남아있습니다.

이 네덜란드에 한국인이 처음 발을 디딘 것은 1907년, 제 2차 만국 평화회의가 헤이그에서 열렸을 때였습니다. 고종의 세 밀사였던 이준, 이상설, 이위종은 대한제국의 독립을 선포하고 일제의 침략에 대해 호소하기 위해 시베리아 횡단 열차를 타고 그 먼 길을 왔으나 일제의 방해로 뜻을 이루지 못하였습니다. 이위종 열사는 당시 기자회견을 통해 '우리는 이곳에 평화의 신, 자유의 신, 정의의 신을 만나러 왔다. 하지만 이 헤이그 만국 평화회의에는 평화, 자유 그리고 정의의 신을 만나지 못했다.'고 외쳤습니다. 결국 이 준 열사는 머물던 드 용(De Jong) 호텔에서 객사하여 헤이그 시립 묘지에 묻혔습니다. 하지만 그의 죽음은 헛되지 않아 1945년 조국은 광복의 기쁨을 맛보았고 지금부터 20년 전인 1995년 네덜란드의 한 교민 부부(화란한인교회 장로님 부부)는 사업에서 은퇴한 후 이 건물을 매입하여 이준 평화 박물관으로 개장함으로 유럽의 독립운동유적지로 거듭나게 되었던 것입니다.

나아가 헤이그에 인접한 라이쉔담(Leidschendam)에 있는 네덜란드 개신교회를 한국의 감리교회가 구입하여 서울 상동교회 출신이었던 이준 열사를 기리기 위해 헤이그 이준기념교회 (yijunmemorialchurch.org)로 개명하였고 지난 8월 15일 이곳에서 역사적인 광복 70주년 기념 대회가 개최된 것입니

다. 사단법인 이준 아카데미의 이기항 원장의 개회사에 이어 박 대통령 광복 기념 축사, 주 네덜란드 대한민국 대사의 축사 및 라이쉔담 시장의 축사가 이어졌고 중간에 다양한 음악 순서가 있었습니다. 후반부에는 레이든 대학교에서 히브리어를 가르쳤다가 은퇴한 무라오까 교수의 특별 메시지가 있었는데 이 분은 일본인 그리스도인으로서 한반도의 광복을 축하하며 일본이 과거에 저지른 잘못에 대해 매우 솔직하고 분명하게 인정함으로써 청중들에게 깊은 감동을 주었습니다. (위 사진)

한 알의 밀알이 죽어져 많은 열매를 맺게 된 것을 우리는 이 한민족 축전을 통해 확인할 수 있었습니다. (요 12:24) 이제 이준 평화 박물관은 남북한을 아우르는 많은 방문객들이 다녀갔고 적지 않은 일본인들과 외국인들도 방문하였다고 합니다. 모쪼록 이준 열사의 죽음이 헛되지 않아 광복을 체험한 한반도에 진정한 통일도 이루어져 한반도가 세계 평화의 상징이 될 수 있는 날이 오길 기원합니다.

# 독일의 화해 노력

지난 2016년 4월 29일 일본의 아베 신조 총리는 미국 상하원에서 일본 총리로서는 최초로 연설을 했습니다. 하지만 이 연설에서도 그는 일본이 과거에 한국 및 아시아 국가들에 대해 저지른 전쟁 범죄에 대해 '깊은 반성(deep remorse)'라고 했지만 진심으로 사죄하거나 화해하려는 노력은 보이지 않았습니다. 이러한 모습은 그동안 독일의 총리들이 보여준 모습과는 너무나 큰 대조를 이룹니다.

독일에서는 2차 대전이 끝난 후 화해 운동이 일어났습니다. 로타 크라이식(Lothar Kreyssig)이라고 하는 변호사에 의해 주도된 이 운동은 평화를 위한 화해 봉사 운동(The Action Reconciliation Service for Peace, 독일어로는 Aktion

Suehnezeichen Friedensdienste: ASF)라고 하는데 독일 개신 교회가 1958년에 공식적으로 시작했습니다. 이것은 독일이 양차 세계대전에서 저지른 범죄를 인정하고 국제적인 자원봉사 프로그램을 통해 유럽의 여러 나라에 가서 봉사하는 제도였습니다. 매년 약 180여명의 젊은 청년들로 구성된 자원 봉사자들이 독일에 의해 고통 받은 유럽의 여러 나라들을 방문하여 봉사했으며 물론 이스라엘과 미국에 가서도 봉사활동을 했습니다. 이들은 전후 세대로서 독일을 대표하여 그들이 방문한 나라들과의 관계를 회복하는데 큰 공헌을 했습니다.

나아가 전후에 기독교 민주당 (CDU)을 창설하여 초대 수상을 지내면서 라인강의 경제 기적을 일으킨 콘라드 아데나워(Konrad Adenauer) 수상 또한 진정한 화해자였습니다. 그는 전후에 당시 프랑스의 수상이자 나중에 유럽 연합(European Union)을 창설하는데 결정적으로 기여한 로베르 쉬망(Robert Schuman)과 화해하면서 유럽 연합의 전신인 석탄-철강 공동체를 만들면서 유럽의 평화와 화해를 이뤄 내었고 그 후 1951년 9월 서독 국회에서 역사적인 연설을 했습니다. 즉 서독 정부는 홀로코스트로 사망하거나 고통 당한 유대인들을 위해 이스라엘에게 보상해야 할 의무가 있음을 인정한 것입니다. 그 결과 1년 후에 한 법안이 통과되었는데 이것을 이스라엘과 서독 간의 보상협정(The Reparations Agreement between Israel and West Germany, Wiedergutmachungsabkommen)이라고 합니다. 1년 후 이 법이 시행되어 당시 독일 마르크로 30억 마르크라는 거금을 14년에 걸쳐 지불했습니다. 이것은 이스라엘이 독립한 후 사회 기간 산업 및 간접 자본 시설을 건설하는데 가장 중요한 수입원이 되었습니다. 가령 이스라엘 정부의 국고 수입 중 1956년에는 서독 정부가 제공한 자본이 전체 수입에서 87.5%를 차지했다고 합니다. 당시 동독도 폴란드와 소련에 대해 보상금을 지불했습니다.

서독 정부에서 이 보상금을 지불하도록 세운 법안을 BEG(Bundesentschaedigungsgesetz, Federal Compensation Law)라고 합니다. 이 법은 1980년 중반까지 유럽의 여러 나라들에 대해 계속 실행되었는데 심지어 1941년에 중립국이었지만 폭격을 당한 아일랜드에게도 보상금이 지급되었습니다. 지난 2012년 말까지 독일 정부가 여러 나라에 지급한 보상금 총액은 가히 천문학적 숫자로 70조 500억 유로라고 합니다. 이를 한국 원화로 환산한다면 약 8경 489조원에 달합니다. 필자는 독일이 통일의 축복을 받은 것은 이렇게 사죄와 화해의 사명을 철저히 감당했기 때문이라고 확신합니다. 그래서 그런지 독일 교회 중에는 화해 교회 '(Versöhnungskirche 위의 사

드레스덴에 있는 화해 교회당 전경
upload.wikimedia.org/wikipedia/commons/thumb/d/d3/Vers%C3%B6hnungskirche_dresden_-_d.jpg/698px-Vers%C3%B6hnungskirche_dresden_-_d.jpg

진)라는 이름이 매우 많으며 독일의 신학에서도 화해의 신학'이 매우 중요한 주제가 되어 있음을 알 수 있습니다.

더욱 놀라운 것은 아직도 독일이 침략했던 나라들에 있는 독일 대사관을 가보면 첫 번째 창구의 업무 리스트에 제일 첫 번째로 아직도 이 보상(Wiedergutmachung) 업무를 적어 놓았다는 사실입니다. 즉 지금도 과거에 독일로부터 피해를 당한 사람은 누구든지 보상받을 권리가 있으며 신청할 수 있다는 것입니다. 나아가 벨기에에 있는 독일 국제학교의 한 역사 시간에는 전교생을 강당에 모아놓고 홀로코스트를 체험하신 한 유대인 할머니께서 오셔서 본인이 경험하신 내용을 나눠 주시는 것을 보았습니다. 이러한 독일의 진정성 있는 화해 노력을 일본은 겸허히 배워야 할 것이며 그래야 국제 사회에서 책임 있는 일원으로 인정받을 수 있을 것입니다.

# 휘튼과 한동의 밀알

 지난 2015년 5월 23일 서울 백범 김구 기념관에서는 한동대학교 20주년(1995-2015)을 기념하는 총 동문회가 개최되었습니다. 지난 20년간 베풀어주신 주님의 은혜에 감사하며 함께 교수, 직원, 동문 및 학생들이 함께 모인 뜻 깊은 시간이었습니다. 그 중에도 가장 감동적인 시간은 바로 피지에 선교하러 갔다가 순교한 강경식, 권영민 두 동문의 부모님이 명예동문이 되는 순서였습니다. 두 어머님은 학사 학위를 받으셨고 95학번 두 동문이 고인이 된 두 아들을 대신하여 어머님들께 큰 절을 올렸습니다.

 1997년 7월, 한동대 전산전자공학부 소속 학생들이 피지 원주민들에게 컴퓨터를 가르쳐주기 위해 아웃리치를 떠났습니다. 팀원 중 강경식, 권영민 두 학생은 우물 파는 작업을 마치고 몸에 묻은 흙을 닦기 위해 바닷가로 갔다가 갑자기 들이닥친 파도에 휩쓸려 순교한 것입니다. 현장으로 가던 길에 하나님께서는 전 김영길 총장님께 이사야서 61장 3절 말씀을 주셨습니다.

"무릇 시온에서 슬퍼하는 자에게 화관을 주어 그 재를 대신하며 기쁨의 기름으로 그 슬픔을 대신하며 찬송의 옷으로 그 근심을 대신하시고 그들로 의의 나무 곧 여호와께서 심으신 그 영광을 나타낼 자라 일컬음을 받게 하려 하심이니라."

현지에서 두 학생을 화장하는 중 놀라운 일이 벌어졌는데 장례가 치러지는 동안 원주민들이 찾아와 찬송을 따라 부른 것입니다. 선교 팀은 다시 일어섰고 컴퓨터 교육·성경공부·찬양 집회를 계획대로 진행했습니다. 결국 현지인 900명이 예수님을 영접하는 기적으로 피지 선교를 마쳤습니다. 이 순교 사건 이후 더 많은 한동의 학생들이 선교에 대한 비전을 갖게 되었는데 이는 하나님의 귀한 섭리였습니다.

자식을 잃은 두 어머니의 얼굴에서는 아들을 잃은 애통함도 어떤 그늘도 찾아볼 수 없었습니다. 고 강경식 군의 어머니는 "마음이 안정되면서 유품을 하나하나 살펴보았는데 안도의 숨이 나오더라고요. '하나님이 순교를 위해 경식이를 많이 준비시키셨구나' 하는 생각이 들어서요." 그리고 아들이 참 자랑스러워졌습니다. "내 아들이 영적으로 순결하려고 노력했구나. 정말 준비를 잘 하고 떠났구나." 그렇게 준비된 아들의 모습을 보았기에 피지에서 날아온 청천벽력 같은 소식도 받아들일 수 있었다고 어머니는 고백했습니다.

권영민 군의 어머니께서는 "한동대의 시작부터 갖가지 고난을 곁에서 지켜봤습니다. 아들의 죽음이 하나님의 대학에 혹 누가 될까 마음 졸이기도 했어요. 저는 한동에 아무리 어려운 일이 닥쳐도 결코 소망을 잃지 않았습니다. 영민이의 순교가 한동과 하나님의 나라를 위해 쓰임 받길 소망합니다."라고 말했습니다.

한동대학교 첫 입학생, 게다가 입학생 1번이었던 강경식 군은 한동대학교에 그 유해를 묻고 한동대학교 선교의 밑거름이 되었습니다. 권영민 군 아버지는 이 일이 있은 후 해마다 피지로 의료선교를 다녀오고 있다고 합니다. 두 순교자의 생명 위에 한동은 더 굳건히 세워지고 있습니다. 하나님 나라를 위해 밀알이 된 두 순교자. 그리고 아들을 이삭처럼 바친 부모님의 순종은 지금도 찬란하게 빛나고 있습니다.

동시에 이 사건은 우리에게 휘튼 대학의 졸업생 제임스 엘리어트(James Elliot)를 생각나게 합니다. 그는 1927년 10월 8

upload.wikimedia.org/wikipedia/commons/3/3b/Jimandedplaque.jpg

img.asiatoday.co.kr/file/2014y/08m/30d/20140830001759435_2.jpg

일 미국 Oregon주 Portland에서 태어나 신앙이 깊은 부모 밑에서 자라 1945년 가을 시카고의 유명한 기독교 대학인 휘튼대학(Wheaton College)에 진학합니다. 공부하는 동안 그는 선교를 위해 생애를 바치기로 헌신했습니다. 졸업 후 언어 및 선교 훈련을 거쳐 1952년 봄 에콰도르에 도착한 제임스는 와오다니 (Waodani) 부족에게 복음을 전하기 위해 현지에서 언어와 풍습을 익히며 함께 선교활동을 할 친구들을 모았습니다. 몇 달 전부터 비행기를 이용하여 선교 방송과 함께 선물꾸러미를 투하하며 접촉을 준비한 제임스와 일행 4명(Ed McCully, Roger Youderian, Pete Fleming, 및 Nate Saint)은 1956년 1월 8일 와오다니 부족민들과 접근하려 했으나, 백인에 대해 적대적인 원주민들의 독침 공격을 받아 전원 사망했습니다. 제임스의 아내 엘리자베스(Elisabeth)는 남편이 순교한 지 2년이 지난 1958년 가을에 그녀 역시 목숨을 걸고 남편이 이루지 못한, 그리스도의 복음을 전하기 위해서 어린 딸 밸러리(Valerie)와 함께 아우카 부족을 찾아가 복음을 전하고 미국으로 돌아 온 후 1961년 《*The Savage, My Kinsman*》이란 책을 펴냈으며 이들의 이야기는 "The End of Spear"라는 이름으로 영화화되기도 했지요. 휘튼과 한동의 두 밀알은 두 학교가 더 귀하게 쓰임 받는 축복의 통로가 되고 있습니다.

PART 02

# 세상을 변화시키는 비전

**World Transforming Vision**

# 01

# 행동하는 믿음

지난 2016년 3월 저는 콜로라도 스프링스(Colorado Springs)에서 열린 서밋 컨퍼런스 (Summit Conference: www.summit.org)에 다녀왔습니다. 서밋은 기독교 세계관을 청년들에게 가르치는 사역으로 유명한데 이번에는 장년들을 대상으로 컨퍼런스를 개최한 것입니다. 이번 컨퍼런스의 주제는 "Stand: From Faith to Action(일어나라: 믿음에서 행동으로)"였는데 단지 성경적 세계관을 강의하는 것만이 아니라 그것을 어떻게 삶의 현장에서 구체적인 행동으로 옮길 것인가 하는 것에 초점을 맞춘 것입니다.

그래서 매 강사들 마다 그 부분에 대해 다양한 경험과 사역을 소개하는 모습을 보며 깊은 감명을 받았습니다. 가령, The Colson Center for Christian Worldview (www.colsoncenter.org)를 섬기는 John Stonestreet은 현대 사회의 다양한 문제들을 기독교적 세계관으로 어떻게 접근하고 해결해 나가고 있는지 여러가지 예를 보여주었습니다. 그 중 하나가 소규모 자본을 개발도상국 주민들에게 대여하는 Hope International (www.hopeinternational.org)사역인데 자본 회수가 95%이상이라고 합니다.

콜로라도 스프링스에 사는 한 부부는 인신 매매(human trafficking)가 얼마나 심각한 문제인가를 깨닫고 실제로 그 희생자들을 도와 주는 사역을 하고 있었습니다 (www.restoreinnocence.org).

다른 한 분은 낙태가 매우 심각한 사회 문제임을 깨닫고 임산부들에게 무료로 임신여부를 테스트해 주는 Save the Storks라고 하는 특별한 사역을 시작했습니다. 임신 테스트를 원하는 여성들은 이 이동식 차량에 와서 무료로 초음파 검사까지 받을 수 있으며 임신의 경우 아기의 심장 소리도 듣게 해주면서 낙태하지 않도록 전문적인 상담을 제공하여 수많은 생명을 건지고 있습니다(www.savethestorks.com 두 사진 참조).

liveactionnews.org/wp-content/uploads/
2013/06/Exterior-Chicago.jpg

7b7157f59fb5914df25d-83ec9bcc8970758
aaa4b1923747e8d1b.
ssl.cf1.rackcdn.com/531f5bab497eebf77d90
80602b500dd0.jpg

    Estevan & Lisa Median 부부는 콜로라도 스프링스에서 갱단에 들어갔다가 주님의 은혜로 구원을 체험한 후 방황하는 청소년들이 범죄에 빠지지 않도록 신앙으로 계도하는 귀한 사역을 하고 있었습니다(www.sctfgroup.org).

    Christopher Yuan이라고 하는 중국계 교수는 대학 시절에 동성애에 빠져 게이가 되었다가 나중에는 마약 밀매 혐의로 감옥에 갇혔으나 어머니의 간절한 중보 기도와 주님의 역사로 감옥에서 성경을 읽고 회심한 후 시카고의 무디 성경학교에서 공부한 후 그곳의 신학 교수가 되어 동성애에 관해 많은 강연을 하고 있습니다 (www.christopheryuan.com).

    Michelle Bachman이라는 한 여성 정치인은 한 때 미국의 대통령 후보였는데 어떻게 그리스도인이 되었는지 그리고 그 후 어떻게 기독교 세계관으로 정치 활동을 했는지를 나눔으로써 많은 사람들로부터 지지를 받았습니다.

그 외에도 콜로라도 스프링스에 있는 두 기독교 단체를 방문할 수 있는 기회를 가졌는데 한 곳은 가정 사역을 전문으로 하는 Focus on the Family(www.focusonthefamily.com)였고 다른 한 곳은 어린이들을 구제하는 Compassion이었습니다(www.compassion.com). 이 두 단체 모두 기독교 세계관에 기초하여 깨어진 가정을 살리고 가난한 나라의 어린이들을 주님의 사랑으로 도와주는 귀한 사역을 하고 있는 모습을 보며 큰 감동을 받았습니다.

사도 야고보는 행함이 없는 믿음은 죽은 것이라고 강조합니다(약 2:26). 우리는 각 처한 삶의 영역에서 끊임없이 기도하면서 말씀을 기준으로 세상의 여러 문제들을 어떻게 해결할 수 있을지 생각하며 행동으로 옮길 때 진정 '세상을 변화시키는 축복의 통로'가 될 것입니다.

# 02

# 네덜란드의 생존 전략

　네덜란드는 매우 작은 나라이지만 예로부터 강대국에 당당히 그 이름을 올린 나라입니다. 2006년 11월 13일부터 11월 24일까지 중국 중앙방송(CCTV)의 경제채널에서 강대국들을 시리즈로 방송한 12부작 역사 다큐멘터리인 《대국굴기》는 스페인 및 포르투갈, 네덜란드, 영국, 프랑스, 독일, 일본, 러시아 및 미국의 전성기와 그 발전 과정을 다뤘는데 여기서 네덜란드가 스페인/포르투갈에 이어 두 번째로 소개되었으며 한국의 EBS에서도 2014년초에 《강대국의 비밀》이라는 다큐프라임에서 세계문명사에 큰 획을 그은 나라로 로마제국, 대영제국, 몽골, 네덜란드 그리고 미국을 다루고 있습니다. 17세기 네덜란드는 전 세계 무역을 거의 200년간 지배하며 황금시대를 구가했습니다. 이 황금시대의 네덜란드는 경제뿐만 아니라 과학, 예술 등 다방면에서 세계 최고의 위치에 있었습니다. 그렇다면 어떻게 이 작은 나라가 이렇게 막강한 위치에 오를 수 있었을까요?

16세기에 네덜란드는 가톨릭을 앞세운 스페인 필립 2세의 전제정치에 맞서 침묵의 윌리암(William of the Silent)공의 리더십 하에 80년간 독립 전쟁(1568-1648)을 치렀습니다. 객관적 전력으로는 절대 열세였지만 게릴라적 전술에 의해 마침내 1648년 네덜란드는 베스트팔렌(Westfalen) 조약과 함께 독립을 맞게 되었으며, 독립한 네덜란드 연방공화국의 정체성은 칼빈주의적 개신교였습니다. 그 후 이 나라는 세계 역사상 최초로 왕정이 아닌 공화정을 국가 정치 체계로 세우게 됩니다. 완전히 새로운 정치 패러다임을 도입한 것입니다. 이러한 공화정은 국제 무역을 주도하던 국가 경제 시스템과 부합하면서 세계 무역을 장악하는데 큰 도움을 주었습니다. 왕정이 아닌 민주 공화국이 된 배후에는 당시 네덜란드의 개신 교회인 개혁교회의 민주적인 장로 정치가 반영된 것으로 볼 수 있습니다.

공화국이 성립되자 정치적 안정을 되찾은 네덜란드는 활발한 무역을 발판으로 강력한 해상 파워를 가진, 유럽 금융의 중

s-media-cache-
ak0.pinimg.com/originals/fd/34/fe/fd34fea9508053a4359880a0443e6f74.jpg

심지로서 그 명성을 떨치며 해외 진출의 황금 시대를 열었습니다. 1602년에 주식회사인 연합동인도회사(VOC: Vereenigde Oost-Indische Compagnie, United East India Company 위의 사진)를 설립하여 세계 제일의 무역국으로 발전하였습니다. 나아가 국제 무역을 통해 벌어들인 자본의 축적을 위해 세계 최초로 암스테르담에 은행이 설립되었고 또한 동인도회사의 자본금 확보를 위해 주식 시장도 개장하였는데 이는 영국 런던보다 거의 100년이나 앞선 것임을 볼 수 있습니다.

네덜란드의 상선들이 먼저 장악한 것은 발트해 무역이었습니다. 폴란드의 그단스크 (Gdansk) 항구를 중심으로 많은 곡식들을 수입하여 유럽 각국으로 판매하였고 스웨덴과 덴마크가 30년간 전쟁을 할 때 어느 한 나라에 치우치지 않고 균형을 유지하면서 양 나라에 무기를 수출하여 막대한 이윤을 남깁니다. 심지어 덴마크 왕은 당시 네덜란드에 진 빚을 다 갚을 수 없어 왕관으로 대신 갚아 그 왕관은 아직도 보관되어 있습니다.

스웨덴에서 무역을 하던 네덜란드의 거부 루이 드 히어(Louis de Geer)는 철저한 칼빈주의자였으며 나중에 그가 살던 스톡홀름의 대저택은 지금 재 스웨덴 네덜란드 대사관이 되어 있고 덴마크의 갑부 중 하나인 마르셀리스(Marcelis) 집안은 네덜란드 무역상 집안임을 알 수 있습니다.

중국과 일본 사이에 끼여 있는 한국도 네덜란드의 이러한 실리적 전략을 벤치마킹 할 필요가 있다고 봅니다. 비록 강대국의 틈바구니에 있다 할지라도 국제 무역을 통해 보다 실리를 추구함으로 오히려 이득을 볼 수도 있을 것입니다.

# 한 네덜란드
# 노교수의 환대

필자가 네덜란드에서 공부하던 90년대 초반의 이야기입니다. 학위 논문을 쓰면서 지도를 받기 위해 끌랍베이크 교수님(Prof. J. Klapwijk, www.jacobklapwijk.nl 다음 페이지 사진)을 만나게 되었습니다. 이 분은 과로로 건강이 악화되어 조기 은퇴하셔서 주로 집에 계시면서 조금씩 연구도 하고 논문도 발표하시던 중이었습니다. 특별히 이 분은 동양에 대해서 열린 마음을 가지고 있었기에 너무나 친절하게 저를 맞이해 주셨습니다.

교수님께서 사시는 메이드레흐트(Mijdrecht)라는 작은 도시는 암스테르담에서 남쪽으로 차를 운전하면 30분 정도 밖에 걸리지 않는 곳입니다. 이 분 댁에 가서 논문 지도를 받기 위해 교수님 서재에 들어가게 되었는데 놀라지 않을 수 없었습니다. 왜냐하면 그 분 서재는 마치 도서관처럼 모든 책들이 가지런히 정돈되어 있었고 더 놀라운 사실은 책 하나 하나에 도서관과 같이 번호가 적힌 스티커를 붙여 놓으셨을 뿐만 아니라 이것을 카탈로그로 만들어 쉽게 찾을 수 있도록 서랍까지도 만들어 놓았기 때문입니다. 저는 이 분의 세심하고도 철저한 학자적 자세에 큰 감동을 받지 않을 수 없었습니다.

차를 한 잔 마시며 논문 지도를 받고 난 후 저의 가족들에 대한 이야기도 나누었는데 당시 저희 부부에게 축복으로 주신 세 아이들은 모두 어렸습니다. 교수님 내외분과 귀한 교제를 나눈 후 며칠이 지나 교수님께서 저에게 연락해 오셨습니다. 그 이유는 얼마 후 내외분께서 4주간 휴가를 떠나시는데 자기 집에 우리 가족이 와서 지내라고 초청하시고 싶으셨기 때문입니다. 저는 처음에 놀라지 않을 수 없었습니다. 왜냐하면 그 분들은 집을 너무나 깨끗하게 관리하고 있었지만 저희 가족의 어린 아들 세 명은 모두 장난꾸러기 나이였기 때문입니다. 하지만 그 분들의 따뜻한 환대를 거절할 수 없어 마침내 그 댁에 다시 가게 되었습니다.

맞은 편 집 아주머니로부터 열쇠를 받아 들어가 보고는 다시 놀라지 않을 수 없었습니다. 부엌 등에 아주 자상하게 설명해 놓은 쪽지들을 보았기 때문입니다. 물건을 사용하는 방법 등 너무나 친절하게 배려하신 모습에 큰 감동을 받지 않을 수 없었

www.sterrenstof.info/wp-content/uploads/klapwijk-300x197.jpg

습니다. 거실에는 오르간이 있어 혹시 아이들이 고장 내지 않을까 조심스러웠습니다. 나아가 이 분들은 자신의 침실을 기꺼이 저희 부부를 위해 내어 주셨습니다. 모든 방들이 열려 있어 큰 집에서 정말 좋은 시간을 보낼 수 있었습니다. 다행히 아이들도 큰 문제를 일으키지 않아 마지막 청소 후 열쇠를 다시 아주머니께 전달하고 돌아올 수 있었고 나중에 감사의 인사를 드렸습니다.

저는 이 교수님 내외분을 통해 성경이 말하는 환대(hospitality)와 청지기 정신(stewardship)을 실천적으로 배울 수 있었습니다. 낯설고 잘 알지 못하는 동양에서 온 한 유학생 가족에게 자신의 집을 선뜻 내어준다는 것은 결코 쉽지 않았을 것입니다. 하지만 이 분들은 부지중에 천사를 대접했던 아브라함처럼(히브리서 13:2), 저희들에게 진심으로 사랑과 친절을 베풀

어 주셨습니다. 저도 부족하지만 이 분들을 늘 기억하며 감사하는 마음으로 사랑의 빚을 갚아 나가려 합니다. 지극히 작은 자에게 냉수 한 그릇 준 것도 결코 상을 잃지 않는다고 하신 주님의 말씀처럼(마태복음 10:42), 우리도 나그네를 섬기는 일을 통해 축복의 통로가 되어야 하겠습니다.

# 04 지도자의 기본 자질

 지난 2016년 10월 이후 한국은 정치적으로 총체적 혼란을 경험하고 있습니다. 매일 보도되는 뉴스는 계속해서 새로운 의혹들을 고구마 줄기처럼 드러내고 있으며 현 정권에 대한 불신은 백만 명의 시민들이 촛불을 들고 광화문 광장에 모이게 하는 초유의 사태를 낳고 있습니다. 하지만 대통령과 일부 정치 지도자들은 검찰의 수사에도 불구하고 그리고 대다수 국민의 여론에도 불구하고 사퇴를 거부하고 있습니다.

 이러한 상황을 보면서 저는 몇 년 전 독일에서 일어났던 사건들을 떠올리지 않을 수 없습니다. 현재 요하킴 가욱(Joachim Gauck) 대통령과 함께 당시 홀스트 쾰러(Horst Koehler) 대통령의 후임으로 경합을 벌이던 크리스치안 불프(Christian Wulff) 대통령이 니더작센 주지사 시절 주택 구입을 위해 특

혜성 저리의 사채를 쓴 사실이 드러나자, 이와 관련된 보도를 막으려고 언론사에 개인적으로 전화하여 압력을 행사한 사실까지 보도되면서 여론이 악화되었고 결국 책임을 지고 사퇴한 것입니다.

나아가 또한 39세라는 약관의 나이에 독일의 기술경제부 장관을 거쳐 국방 장관을 지내면서 독일의 차세대 리더로 촉망 받던 젊은 정치인 구텐베르그(Karl-Theodor zu Guttenberg)씨도 자신이 바이로이트 대학 박사 학위 논문이 표절시비에 휘말리자 처음에는 사임을 거부하다가 마침내 사임했으며 나중에는 하원의원직도 내려 놓았습니다. 또한 최근에는 교육부 장관이면서 앙겔라 메르켈 수상의 가장 든든한 정치적 동료였던 아네테 샤반(Annette Schavan)도 뒤셀도르프 대학에서 받은 박사 학위 논문이 표절로 밝혀 지면서 결국 사임하였습니다.

몇 년 전 독일 개신교회 전체가 충격에 사로잡힌 때도 있었습니다. 그것은 다름아닌 국가 교회(EKD: Evangelische Kirche Deutschland)의 총회장으로 그것도 최초의 여성 총회장으로 선출되어 장래가 촉망 받던 분(Margot Kaessmann 마곳 케스만)이 얼마 지나지 않아 어느 날 저녁 늦게까지 파티에 참가하여 포도주를 마시고 귀가하다가 그만 빨간 신호등을 무시하고 지나갔고 마침 그곳에 있던 경찰에 적발되어 음주 측정을 하게 되었는데 알콜 농도가 허용치를 넘어 음주 운전에 걸린 것입니다. 결국 이 신임 총회장은 당일 경찰서로 가서 조사를 받았고 신분이 밝혀지면서 다음 날 이 스캔들이 언론에 폭로되자 즉시 총회장직을 사퇴한 것입니다. (아래 사진)

최근 한국의 정치 지도자들이 자신에 관한 의혹이 드러나는 과정에서도 책임을 지려는 자세보다는 그 순간만 넘기면 된다는 식의 변명을 늘어놓으며 사퇴를 거부하는 모습은 결국 우리 지도자들의 책임의식 수준이 아직도 낮기 때문이라고 생각합니다. 심지어 이러한 모습이 교계에도 나타나는 것 같아 더욱 염려스럽습니다. 스캔들을 일으킨 목회자가 진정한 참회의 모습을 보이지 않기에 한국 교회의 위상은 더욱 추락하고 있습니다.

한 단체의 지도자가 된다는 것은 하나님 앞과 사람 앞에서 큰 책임 의식을 가져야 함을 전제로 합니다. 그리고 어떤 문제나 자신의 부족한 부분이 드러났을 경우 깨끗하게 책임을 지

nickbaines.files.wordpress.com/2010/03/spiegel-kaessmann.jpg

는 모습을 보여 주어야 할 것입니다. 누구든 실수할 수 있습니다. 문제는 그 실수에 대한 우리의 자세일 것입니다. 사도 바울은 하나님 앞에서 그리고 사람 앞에서 양심에 부끄럽지 않는 삶을 살도록 노력한다고 고백했습니다(고후 4:2). 야고보 사도의 경고처럼 선생된 우리들이 더 큰 심판을 받을 것을 진정 두려워할 때(약 3:1) 더 존경 받고 귀하게 사용될 수 있을 것입니다.

# IS의 세계관

 지난 2015년 11월 13일(금) 저녁, 프랑스의 수도 빠리는 동시 다발 테러에 의해 공포의 도가니가 되었습니다. IS(Islamic State) 테러리스트들이 여러 곳에서 동시에 테러를 감행하여 수많은 무고한 생명들이 희생된 것입니다. 이로 인해 국제 사회는 9.11 이후 다시 큰 충격에 빠졌고 프랑스는 국가 비상사태에 돌입하여 IS 본거지를 맹폭하고 있습니다. 그러자 IS는 다시 서부 아프리카 말리에서 테러를 일으켰고 미국의 심장부인 워싱턴 D.C.에도 테러를 감행하겠다고 협박하고 있으며 최근 벨기에의 브뤼셀도 IS의 테러 위협으로 지하철 운행을 잠정적으로 중단했으며 독일의 아헨에서도 테러리스트 용의자들이 체포되었습니다.

 프랑스 정부는 국가 비상사태를 2016년 2월말까지 연장하였고 UN 안전보장이사회도 IS척결 결의안을 만장일치로 통과시켰으며 영국도 시리아의 IS 기지를 공습하는 안을 의회에 제출했습니다. 그러면서 전세계가 IS와 제 3차 세계대전을 시작하는 듯한 느낌마저 주고 있습니다.

물론 모든 이슬람 신도들이 IS는 아니지만 분명 이 과격 단체는 지구촌 전체를 상대로 테러 포고를 일삼으며 평화를 앗아가고 있습니다. 이것은 서방 세계에 대한 그들의 적개심도 있지만 동시에 그들의 세계관이 낳는 현상입니다. 이슬람은 세계를 둘로 나눕니다. 하나는 정치적인 힘이 무슬림에게 있으며 이슬람 법 (Sharia)이 강제되는 House of Islam (Dar al-Islam, 이슬람의 집)과 무슬림이 소수로 정치적인 힘이 없는 House of war (Dar al-harb, 전쟁의 집)로 구분되며, 무슬림은 심판의 날까지 전쟁의 집이 이슬람의 집으로 전환되기 위해 싸워야 한다고 가르칩니다. 따라서 기독교는 개인적 결단과 구원을 기초로 교회가 세워지지만 이슬람은 공동체의 환경을 이슬람 법으로 전환시킴으로써 전체를 이슬람의 집으로 바꾸는데 초점을 맞추고 있습니다.

이슬람은 서방 세계 특히 미국의 문명을 매우 타락한 것으로 비판합니다. 자본주의와 도덕적이고 윤리적인 타락과 부패를 비판하며 이것을 기독교와 연결시켜 비난합니다. 하지

upload.wikimedia.org/wikipedia/commons/b/bd/Isaiah_Wall.jpg

만 이슬람에도 비도덕적인 요소들(일부다처제, 여성 차별 및 명예 살인 등)이 있음을 볼 수 있습니다. 나아가 가장 중요한 점은 자유민주주의 국가에서 무슬림들은 모든 종교의 자유를 누리고 있지만 이슬람이 강한 나라들에서 그리스도인들은 매우 심각한 박해를 받고 있다는 것입니다. 오픈도어스 선교회(www.opendoors.nl)가 제시하는 매년 핍박 받는 교회들의 통계를 보면 북한을 제외하고는 거의 대부분이 이슬람 국가들임을 볼 수 있습니다.

이러한 상황에서 우리는 다시금 주님 주시는 평화를 기억하지 않을 수 없습니다. 무슬림들도 인사할 때 '살람알레이쿰'이라고 하는데 이것은 주님께서 말씀하신 '샬롬 알레헴(Peace be with you)'과 같은 것입니다. 세상이 줄 수 없는 하늘의 평화가 IS에게도 임하길 기도해야 하겠습니다.

지난 2015년 11월 21일(토) 저녁에 한동대 강당에서는 전 세계에서 온 여러 나라 학생들이 함께 'Culture Night'라고 하는 행사가 열렸습니다. 유럽, 아시아, 북미, 남미 그리고 아프리카에서 온 다양한 학생들이 여러 가지 재능을 펼쳐 보이면서 그들의 이야기를 나누는 잔치였는데 여기서 저는 진정한 그리스도의 평화가 가져오는 축복을 체험할 수 있었습니다.

UN이 비공식적인 사명 선언문으로 삼고 있는 "주님께서 민족들 사이의 분쟁을 판결하시고, 뭇 백성 사이의 갈등을 해결하실 것이니, 그들이 칼을 쳐서 보습을 만들고 창을 쳐서 낫을 만들 것이며, 나라와 나라가 칼을 들고 서로를 치지 않을 것이며, 다시는 군사훈련도 하지 않을 것이다"(사 2:4; 미 4:3)라는 예언의 말씀처럼(위의 사진 참고) 평화의 역사가 계속해서 그리스도인들을 통해 이 땅에 확산되길 기도합니다.

# 06

# 나가사키:
# 현대 일본을 여는 열쇠

제가 섬기는 한동대에는 공동체 훈련의 일환으로 RC (Residential College)라는 제도가 있으며 각 RC마다 모범이 되는 크리스챤 리더(가령, 토레이, 장기려, 손양원, 카마이클, 카이퍼 등)의 이름을 붙여 그 분의 비전을 본받으려고 노력합니다. 그 중의 하나가 네덜란드의 신학자요 수상을 지낸 아브라함 카이퍼(Abraham Kuyper) 칼리지입니다.

지난 2017년초에 저는 한동대의 카이퍼 칼리지 학생들을 데리고 일본 나가사키를 며칠 다녀왔습니다. 나가사키 시(일본어: 長崎市, ながさきし, 장기시, 첫째 사진)는 일본 규슈 북서쪽에 있는 도시로 일본의 국가 핵심 도시로 지정되어 있습니다. 나가사키는 예부터 외국의 관문으로 발전된 일본의 항구

upload.wikimedia.org/wikipedia/commons/thumb/c/ce/Nagasaki_City_view_from _Hamahira01s3.jpg/1024px-Nagasaki_City_view_from_Hamahira01s3.jpg

cfile8.uf.tistory.com/image/1130F93750052D6D19BAD9

도시입니다. 쇄국 체제였던 에도 시대에 일본에서 유일하게 해외(네덜란드, 중국, 조선)와 무역을 하던 항구 도시로 그 당시의 자취를 전하는 사적들이 다수 있습니다. 이 나가사키를 통해 일본은 근대문물을 받아들였기 때문에 이 도시를 올바르게 이해하면 지금의 일본을 알 수 있다고 말할 수 있습니다.

먼저 이곳은 최초로 포르투갈의 천주교 선교사가 일본에 와서 복음을 전한 곳으로 지금도 천주교도의 수가 상대적으로 많아 나가사키 대교구는 도쿄, 오사카와 함께 일본 내 3대 관구 중 한 곳을 형성하고 있습니다. 하지만 박해도 많이 받아 지금도 시내 중심의 공원에는 26명의 순교성인기념물이 있으며(둘째 사진) 주변 여러 곳에도 순교사적지들이 있어 적지 않은 그리스도인들이 방문하고 있습니다.

나가사키 중에도 데지마(出島, 셋째 사진)라고 하는 작은 인공섬에는 네덜란드 상관이 있었는데 이곳에서 네덜란드 동인도회사는 선교는 하지 않고 무역만 한다는 조건으로 1641년부터 1859년까지 218년 간 일본과 독점 무역을 하여 큰 이익을 보았고 일본 또한 이곳을 통해 서양의 문물을 체계적으로 받아 들여 소위 '네덜란드의 학문' 이라는 뜻의 난학(蘭學, 일본어: らんがく, 란가쿠)이라는 학문 체계(특히 의학, 물리학, 화학, 생물학, 전기공학, 광학, 기계공학, 지리학 등)를 세

3.bp.blogspot.com/-HNLMbZcqma0/UwXy3XHYDAI/AAAAAAAABpc/
01jVHqv1YtY/s1600/Dejima.jpg

웠고 이것이 일본을 근대화하고 아시아에서 가장 먼저 발전한 나라로 만드는 결정적인 계기가 되었습니다. 그래서 그런지 산업적으로도 미쓰비시 중공업은 이 나가사키에 최초의 조선소를 세웠고 미쓰비시 전기 등의 공장도 건설해 나가사키는 미쓰비시의 기업 도시로도 불립니다. 나아가 푸치니의 유명한 오페라인 '나비 부인'도 바로 이 나가사키를 배경으로 하고 있음을 알 수 있습니다.

또한 네덜란드의 영향을 가장 많이 받은 도시답게 이곳에는 전 세계에서 유일하게 네덜란드 왕궁의 이름을 본떠 지은

upload.wikimedia.org/wikipedia/commons/thumb/8/8b/Huis_Ten_Bosch_-_01.jpg/800px-Huis_Ten_Bosch_-_01.jpg

'Huis ten Bosch(하우스텐보시)' 라고 하는 거대한 테마공원(넷째 사진)이 있는데 이곳은 네덜란드의 유명한 모든 것들(건물, 풍차, 운하, 배, 꽃 등)을 한 곳에 모아놓은 곳으로 유명합니다. 건물을 짓기 위해 심지어 네덜란드에서 벽돌을 수입하였고 너무나 정교하게 지어 원본보다 더 낫다고 할 정도입니다.

또한 나가사키는 1945년 8월 9일에 히로시마 시에 이어 사상 두 번째로 원자 폭탄 공격을 당한 도시이기도 합니다. 따라서 이곳에는 평화기념관이 있어 평화 학습을 목적으로 수학

여행으로 오는 학생들도 많이 있습니다. 하지만 일본은 복음을 제대로 받아들이지 못했기 때문에 경제적으로는 발전했으나 지금도 전쟁에 대해 사죄할 줄 모르는 민족으로 여러 나라로부터 비판을 받고 있습니다.

한국과 가장 가까운 거리에 있는 나가사키. 만일 일본 대신 조선이 네덜란드와 독점 무역을 하면서 서양의 학문과 문물 그리고 올바른 기독교 세계관까지 받아들였다면 그 이후의 역사는 많이 달라졌을 것입니다. 지금이라도 우리는 역사의 흐름을 바르게 읽고 변화시킬 수 있는 통찰력을 키워야 하겠습니다. (고후 6:1)

PART 03

# 현실과 영성

**World Transforming Vision**

# 교회의 생일

지난 2016년 5월 15일은 성령 강림절이었습니다. 하지만 거의 대부분의 교회들이 성령에 대해 설교하기보다는 어버이 주일로 지키는 것을 보고 적지 않게 놀랐습니다. 왜냐하면 성령 강림절이야말로 성탄절 및 부활절과 함께 교회의 가장 중요한 절기이기 때문입니다. 심지어 독일에서는 부활절과 마찬가지로 성령강림절 월요일도 휴일이며 학교는 그 전 주간을 포함해 2주간 성령강림절 방학을 하여 많은 사람들이 여행을 하는 것도 볼 수 있습니다.

성령강림절은 다른 말로 교회의 생일이라고 할 수도 있습니다. 왜냐하면 성령께서 임하셔서 예루살렘 교회가 탄생했기 때문입니다(아래 사진). 하지만 대부분의 교회들은 이 사실을 잊어버리고 그냥 지나가는 것 같아 안타깝습니다. 성자 하나님께서 성탄절 인간의 몸을 입고 오신 것을 첫 번째 성육신이라고 한다면 교회의 탄생은 부활 승천하신 그리스도께서 다시 이 세상에 성령으로 오신 제 2의 성육신이라고 말할 수 있습니다. 왜냐하면 교회는 그리스도의 몸이며 그리스도는 교회의 머리이기 때문입니다. 따라서 성령은 교회를 탄생하게 하시고 각종 은사들을 나누어 주셔서 주님의 몸을 세워 가십니다. 동시에 성도 한 사람 한 사람에게도 역사하셔서 하나님의 자녀로 의롭게 하신 후 계속해서 거룩하게 하시며 마침내 영화롭게 하십니다.

그런 의미에서 네덜란드의 유명한 신학자요 정치가였던 아브라함 카이퍼(A. Kuyper)는 이미 1888년에 '성령의 역사(Het Werk van den Heiligen Geest)'라는 3권짜리 두꺼운 신학 서적을 출판했는데 1권은 교회에 역사하시는 성령에 대해 그리고 2-3권은 개개 그리스도인에게 역사

endtimepilgrim.org/pente.jpg

하시는 성령의 사역에 대해 자세히 설명하였고 이것은 나중에 워필드 (B.B. Warfield)에 의해 영어로도 번역되었고 또한 한글로도 번역된 것을 볼 수 있습니다.

21세기에 들어와 교회가 침체되고 그리스도인들의 숫자가 감소하는 것은 우리가 성령의 사역에 대해 올바로 이해하지 못하고 있거나 아니면 알아도 그 성령에 이끌려 순종하는 삶을 살지 못하기 때문이라고 말할 수 있습니다. 에베소서 5장에 보면 타락하고 문란한 도시 에베소에서 하나님의 백성으로 부르심을 받은 성도들에게 하나님을 본받고(1절), 사랑과 섬김의 삶을 살며(2절) 동시에 빛된 삶을 살아야 한다고 바울 사도는 강조합니다(8절).

베드로가 갈릴리 출신의 어부로서 비록 제대로 배우지 못했지만 성령의 충만을 받았을 때 하나님의 말씀을 정확히 이해하고 인용하면서 복음을 증거해 그날 3천명의 영혼들이 주님께 돌아왔고 바울도 세속화된 에베소에서 성령이 충만하여 사역을 감당하였을 때 적지 않은 사람들이 주님의 백성이 된 것을 봅니다. 나아가 그들은 어떤 민족, 성별, 지위 고하를 막론하고 주님 안에서 하나가 되는 놀라운 기적을 세상에 보여 주었습니다.

이와 같이 오늘날에도 주님의 교회는 성령의 능력을 회복하고 성령의 인도하심에 민감하게 순종할 때 새로운 부흥과 선교의 역사를 일으킬 수 있으며 우리 개개인도 성령에 이끌리는 삶(Spirit-driven life)을 살아갈 때 성령의 열매를 맺으며 더 많은 사람들을 주님께로 인도하는 축복의 통로가 될 것입니다.

# 미궁(迷宮)의 영성(靈性)

프랑스의 샤르트르(Chartres)라는 곳에 가면 유명한 샤르트르 대성당이 있습니다. 원래 1145년 로마네스크 양식으로 지어졌으나 1194년의 화재로 상당 부분이 소실되어 12세기 말부터 13세기 초까지 사이에 고딕 양식으로 재건되었습니다. 이 재건에는 프랑스 전역에서 수만 명의 자원자가 몰려들었다고 합니다. 이 성당에는 성모 마리아가 예수님을 낳을 당시 입고 있었다는 옷이 보관되어 있으며 내부에 성모상이 200개 가까이 있다고 합니다. 이 성당은 1979년 유네스코 지정 세계유산으로 등록되었습니다.

그런데 이 성당 안에는 매우 특이한 미궁이 바닥에 있습니

tasteoflifemag.fr/sites/default/files/styles/large/public/articleimages/APIC5319.jpg
?itok=BP3pKKXX

다. (위 사진) 이것을 만들게 된 이유는 순례자들이 이곳을 방문하여 이 미로를 걸으면서 묵상하고 기도하기 위함입니다. 이러한 미로는 미국 샌프란시스코의 그레이스 대성당, 캐나다 밴쿠버의 성 바울 교회 등에도 있습니다.

미로는 원래 그리스어 λαβύρινθος(라비린토스)라는 말에서 왔는데 그리스 신화의 전설적 건축가 다에달루스(Daedalus)가 크레타의 국왕 미노스(Minos)를 위해 크노소스(Knossos)

에 건설한 정교한 복합건물입니다. 이 건물 속에 반인반우의 괴물 미노타우루스(Minotaur)를 가두기 위해 지어졌다고 합니다. 이 미궁(迷宮 labyrinth)과 미로(迷路 maze)는 약간 다릅니다. 미궁은 한 개의 길만을 따라가서 결국 구조물의 중심에 이르게 되지만 미로는 길을 잃게 만들어 목표지점에 도달하기 어렵게 만드는 구조입니다.

이러한 미궁은 고대부터 교회에서 예배의 한 형태로 사용되어 왔습니다. 아마도 가장 오래된 것은 알제리의 오를레앙스빌(현재명은 즐레프)에 있던 성 레파라투스 (St. Reparatus) 바실리카에 있던 것이라고 할 수 있습니다. 하지만 이것이 어떻게 사용되었는지는 분명하지 않습니다. 중세 시대에는 11세기부터 교회의 벽이나 바닥에 나타나기 시작하는데 가장 유명한 것이 바로 샤르트르 대성당입니다. 이 미궁을 걸으며 성직자들이 부활절에 춤을 추었다는 기록이 있으며 또한 예루살렘까지 순례를 가지 못한 신도들이 이 미로를 걸으며 묵상했다고도 합니다. 어떤 신도들은 무릎으로 걸으며 기도했다고 합니다. 최근 예배에 이 미궁을 도입하는 경우가 있다고 합니다.

저는 이 미궁을 보며 우리의 삶을 묵상해 보았습니다. 우리의 삶이 마치 하나의 미궁과 같다고 말할 수 있을 것입니다.

갑자기 앞길이 막히는 것처럼 보일 때도 있고 더 이상 출구가 없는 것처럼 절망할 수 있지만 자기를 부인하고 주님 주신 십자가를 지면서 좁은 길을 묵묵히 한 걸음, 한 걸음 옮길 때 당장은 아무 것도 보이지 않지만 마침내 하나님 나라의 결승점에 도달하게 될 것입니다. (마 16:24; 막 8:34; 눅 9:23) 동시에 이 미궁의 중심점은 주님과 만나는 지성소와 같은 것이라고 이해할 때 우리는 세상에서 주님께 나아와 우리의 모든 죄를 회개하고 죄에 대해 죽고 용서받은 후 다시 부활한 모습으로 세상으로 나아가 빛과 소금의 사명을 감당해야 한다고 말할 수도 있겠습니다. 우리의 삶의 여정이 어느 지점까지 왔다 하더라도 우리는 천국을 향한 순례자의 걸음을 멈추지 말고 계속해서 더욱 깊은 영성을 훈련해야 하겠습니다.

# 성탄 마구간

해마다 성탄절이 다가 오면 독일에서는 4주간의 대림절(Advent)기간에 다양한 행사가 치러집니다. 대림절은 교회력에 의하면 신년의 시작입니다. 세상의 달력으로는 연말이지만 교회력으로는 연초에 해당합니다. 따라서 이 절기는 시작과 끝이 교차하는 기간이라고 말할 수 있습니다. 주님의 초림을 기억하며 성탄을 다시금 기다리며 현재 여기에 우리와 함께 하시는 주님과 동행하면서 동시에 다시 오실 주님의 재림을 고대하는 종말론적인 절기입니다. 따라서 이 대림절 기간은 신앙 생활에 매우 중요한 절기라고 말할 수 있습니다.

독일 교회에서는 이 기간에 예배드릴 때 반드시 대림절 촛불(사진1)을 켭니다. 이러한 전통은 1839년에 독일의 신학자요 교육가인 동시에 국내선교회를 창설했던 요한 비혀른

upload.wikimedia.org/wikipedia/commons/6/6d/Wichern_Adventskranz_originated_from_Germany.jpg

드레스덴 성탄절 마켓에 등장한 성탄 마구간

(Johann Hinrich Wichern) 목사님에 의해 시작되었다고 합니다. 약 100년 이후에는 천주교회에서도 사용하기 시작했습니다. 원래는 흰색 초를 네 개 준비한 후 첫째 주일에는 하나, 둘째 주일에는 둘, 셋째 주일에는 셋 그리고 마지막 넷째 주일에는 모든 촛불을 켭니다. 그 사이에 매일 작은 붉은 초를 켜면서 주님의 오심을 기다리는 것입니다. 그 후 성탄절이 되면 그 중간에 큰 촛불을 켜서 주님의 오심을 축하합니다. 물론 여기서 촛불은 자신을 희생함으로 세상에 빛이 되신 주님의 임재를 상징하는 것입니다.

또한 개신 교회는 별로 하지 않지만 가톨릭교회나 성공회 등에서는 대림절 첫째 주간부터 예배당 제단 옆에 아기 예수님의 탄생을 재현하는 모형을 아름답게 만들어 장식합니다. 독일어로는 Krippe(크립퍼)라고 하는데 쾰른에는 여러 성당들과 교회에서 각자 독특한 예술적 감각으로 아름답게 장식하여 그것만 관광하는 상품이 있을 정도입니다.

동시에 이 기간에만 열리는 특별 성탄 시장(Christmas Market)이 있는데 저녁에 많은 사람들이 나와 추운 날씨에도 불구하고 맛있는 과자들과 커피 또는 차를 마시며 다양한 선물과 장식품을 구입하는 것도 볼 수 있습니다. 이 성탄 시장에도 성탄 마구간을 아름답게 장식하는데 가령 독일 동쪽 끝에

upload.wikimedia.org/wikipedia/commons/b/b1/Velden_floating_nativity_scene_on_the_surface_of_Lake_Woerth_11122009_11.jpg

있는 작센 주의 수도인 드레스덴에도 아름다운 성탄 시장이 4주간 계속되며 그 한가운데는 아래 그림 2와 같은 마구간 장식이 사람들의 시선을 사로잡습니다. 심지어 호수가 있는 마을에는 그림 3과 같이 호숫가에도 아름다운 장식으로 어둠을 밝힙니다.

이 성탄 마구간에 참여한 사람들은 요셉과 마리아, 목자들과 천군 천사 그리고 동방에서 온 박사들이 함께 아기 예수님을 경배합니다. 예수님은 유대인들 뿐만 아니라 이방인들의 메시아도 되심을 알 수 있으며 신분이 낮은 목자들 뿐만 아니라 동방의 박사들 같은 존귀한 분들의 구세주도 되십니다. 또한 낙타와 양 등 동물들도 함께 합니다. 나아가 하늘의 천군천사들도 동참합니다. 하늘과 땅의 모든 만물들이 그리스도 안에서 새롭게 되며 하늘의 평화를 충만히 맛보는 하나님 나라의 축복을 엿볼 수 있습니다. 어린 아기로 오신 예수님은 만유를 회복하시기 위해 만왕의 왕, 만주의 주로 다시 오실 것입니다. (마 2:11; 눅 2:16; 계 1:7) 그 분을 소망 가운데 기다리면서 우리의 학업이나 직업과 신앙 그리고 삶이 하나되어 그 열매를 예물로 드리면서 하늘의 샬롬을 충만히 누리는 하루하루, 순간순간이 되어야 하겠습니다.

# 동성애와 동성혼

 최근 몇 년간 동성애가 하나의 주된 이슈가 되고 있습니다. 2015년 6월 미국 연방대법원이 동성혼을 합법화하는 판결을 내려 최근 국내에도 동성혼을 인정하라는 요구가 법원에 제기되고 있습니다. 또한 미국 사회는 이제 더 이상 기독교적 가치관이 주류가 아님을 주장하는 사설도 등장하고 있으며 이러한 흐름 또한 한국 사회에 적지 않은 영향을 미칠 것으로 생각됩니다. 이제는 단지 동성애를 정당화하기보다는 동성혼의 합법성으로 논쟁의 초점이 옮겨가고 있는 것 같습니다. 하지만 이는 여러 가지 면에서 매우 우려하지 않을 수 없는 상황입니다. 왜냐하면 만일 동성 간의 결혼이 민주적 토론을 통한 시민적 합의 과정을 거치지 않은 채 소수의 법관들에 의해 법적 효력을 갖게 된다면, 이는 한국 사회의 미래에 심각한 갈등 및 위협요인이 될 수 있기 때문입니다.

결혼과 가정은 원래 사람이 만들어낸 것이 아니라 하나님의 아이디어입니다. 결혼이 존재하게 된 가장 근본적인 이유는 남자가 혼자 있는 것이 좋지 않으며 그를 돕는 사람, 곧 그에게 알맞은 짝이 필요하기 때문이라고 창세기 2장 18절은 말합니다. 따라서 성경은 결혼을 다음과 같이 정의합니다. 즉 남자가 아버지와 어머니를 떠나, 아내와 결합하여 한 몸을 이루는 것이다(창 2:23). 따라서 결혼은 어디까지나 한 남자와 한 여자의 배타적 정절의 성적 결합(sexual union with exclusive fidelity)을 통한 언약적 헌신의 평생 연합(a covenantal commitment in lifelong union)인 일부일처제(Hetero-sexual monogamy)를 통해 성립되므로 모든 형태의 일부다처제나 축첩제도 그리고 동성혼(same sex marriage)은 창조 질서에 어긋난 것입니다.

최근 이혼율이 급증하고 동성혼이 증가하는 이유는 무엇보다 하나님과 사람 앞에서 맺은 이 언약을 경시하기 때문입니다. 하나님의 말씀을 무시하고 자신의 생각을 앞세우게 되면 육신과 안목의 정욕, 이생의 자랑에 우선순위를 둘 수밖에 없고 결국 '이혼' 또는 '동성혼' 등의 선악과를 따먹게 되는 것입니다. 이스라엘 백성들이 가나안 땅에 들어가기 전에 하나님께서는 모세를 통해 가나안 백성들의 가증한 풍습을 본받지 말라고 경고하시면서 그 중에 특히 근친상간, 간음, 자녀를 우상에게 제물로 바치는 일 그리고 수간 등과 더불어 동성애 및 동성혼을 분명히 금하셨습니다(레 18:22, 24-25) 나아가 동성애/동성혼을 하는 사람은 매우 엄한 처벌을 받아야 한다고 경고하셨습니다(레 20:13). 나아가 르호보암 왕 시절에도 백성들은 여러 군데 산당을 만들었는데 거기에 남창들이 있어 혐오스러운 관습을 그대로 본받아 행함으로 주님의 진노를 격발하기도 하였습니다(왕상 14:22-24). 신약 시대도 이것은 예외가 아니어서 사도 바울은 당시 이방인들의 부패한 삶 중에 동성애/동성혼이 있음을 지적합니다(롬 1:26-27) 나아가 이들은 이러한 잘못을 정당화한다고 지적합니다(롬 1:32).

이스라엘의 역대 왕들 중에는 이를 엄격히 금하여 건강한 가정을 회복시키려 노력한 왕들이 있었는데 가령 유다의 아사왕은 성전 남창들을 나라 밖으로 몰아내었으며(왕상 15:12), 그의 아들 여호사밧 왕도 그들을 내쫓았습니다(왕상 22:46). 예수께서도 공생애를 시작하시면서 첫 기적을 행하신 곳은 갈릴리 가나에서의 혼인 잔치였습니다. 즉, 건강한 가정이 타락으로부터 구속되고 회복되어 진정한 사랑과 기쁨이 회복되는 사역을 시작하신 것입니다. 사도 바울도 음행, 간음 및 여성 노릇을 하는 사람들이나, 동성애/동성혼을 하는 사람들은, 하나님 나라를 상속받지 못할 것이라고 엄중하게 경고하면서(고전 6:9b-10), 이는 건전한 교훈에 배치된다고 분명히 말합니다(딤전 1:10).

한국의 경우 동성애로 인한 HIV/AIDS의 발생이 급격히 증가하고 있으나 그 모든 치료 비용을 정부가 국민의 세금으로 지불하고 있으며 남성 동성애자들의 경우 항문 주변에 많은 질병도 발생하고 있고 나아가 동성간의 관계가 3년 이상 계속되는 경우는 극히 드물다고 합니다.

하지만 동성애를 신앙으로 극복한 좋은 모델도 있습니다. 한국에서는 이요나 목사님 그리고 미국에서는 'Sing over me'라는 다큐멘터리의 주인공인 복음성가 사역자인 드니스 예니건(Dennis Jernigan)이 그 대표적인 사례라고 할 수 있습니다.

물론 완성된 하나님의 나라에서는 더 이상 결혼이 없고 우리 모두 천사와 같습니다(눅 20:34-36). 그 대신 예수 그리스도와 교회는 각기 신랑과 신부의 자격으로 새 하늘과 새 땅을 배경으로 어린 양 혼인 잔치에 참여하게 될 것입니다. 하지만 가정을 파괴한 자들은 이 어린 양 잔치에 들어올 수도 없을 뿐만 아니라 최후의 심판을 피할 수 없게 됩니다. 따라서 사도 요한 또한 이 점을 분명하게 지적하고 있습니다(계 22:15). 따라서 우리가 이 땅에서 어떤 삶을 사는 가에 따라 그리고 어떤 결혼생활을 했느냐에 따라 하나님의 최후 심판을 받을 것이며 우리는 그 책임을 져야 함을 잊지 말아야 할 것입니다 (전 12:14).

# 메르스(Mers) 바이러스가 주는 교훈

지난 2015년 5월말부터 한 달 간 한국은 중동호흡기증후군(Middle East Respiratory Syndrome, MERS) 혹은 메르스로 인해 적지 않은 피해를 입었습니다. 2015년 6월 17일 현재 한국에서의 치사율은 약 13% 정도이고 6월 10일 현재 한국의 공식 감염자 숫자는 세계 2위이며, 심지어 중동국가인 요르단, 카타르, 오만의 보고된 감염자 수보다 많습니다. 6월 23일 현재 보건복지부 발표에 의하면 확진자가 175명, 퇴원자 54명, 사망자 27명, 치료 중인 환자가 94명인 것으로 알려졌습니다.

이 메르스는 2012년 9월 24일에 알리 모하메드 자키 박사가 사우디아라비아에서 발견한 신종 전염병으로 메르스-코로나 바이러스(MERS-CoV)에 의해 일어나는 것으로 알고 있으나, 감염 루트는 확실치 않다고 합니다. 이 질병은 21세기 초 전 세계를 강타했던 사스(SARS)와 비교되고 있는데 잠복기는 최소 2일~최대 14일로 증상은 사스와 매우 유사하여 그냥 지나가는 경우가 많지만 고열, 기침, 호흡곤란이 일어나기도 하고, 만성질환 또는 면역저하자는 사망하기도 합니다.

문제는 이 메르스 바이러스가 단순히 우리의 건강을 위협할 뿐만 아니라 정치, 경제, 교육 및 관광 등 삶의 모든 영역에도 영향을 미치고 있다는 것입니다. 많은 학교들이 휴교해야만 했고 평택과 같은 도시는 한동안 도시 전체가 기능이 마비되어 유령 도시가 되기도 했으며 적지 않은 국제 회의가 취소되어 관련된 업계들이 큰 손실을 입었으며 수많은 관광객들도 한국 관광을 취소하는 등 이 메르스로 인해 한국이 한 달 동안 받은 경제적 타격은 이루 말로 다 표현하기 어려울 정도입니다.

이러한 점에서 우리는 이 메르스 바이러스가 죄(sin)라는 바이러스와 유사하다고 볼 수 있습니다. 죄의 실체는 이 메르스 바이러스처럼 사실 우리 눈에 잘 보이지 않습니다. 하지만 이 바이러스는 우리의 삶에 치명적인 영향을 미칩니다. 이 죄로 인하여 우리의 삶에 노동은 즐거움이 아니라 고역이 되었고 출산은 기쁨이 아니라 고통이 되었으며 삶은 결국 죽음으

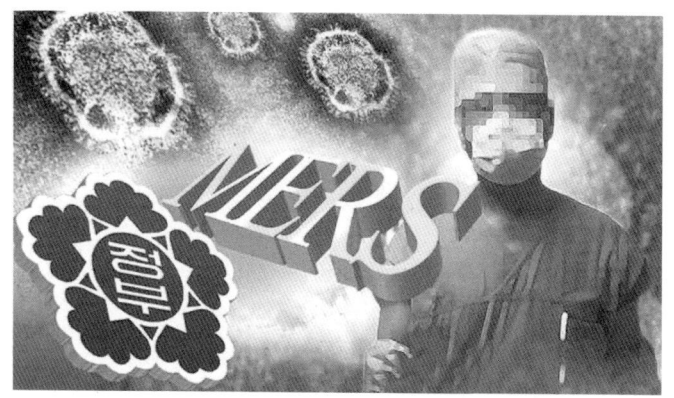

img.sbs.co.kr/newimg/news/20150604/200841558_700.jpg

로 끝나는 비극적인 결과를 낳았기 때문입니다. 나아가 이 죄는 인간의 삶뿐만 아니라 우주적인 영향을 미친다고 말할 수 있습니다. 아담과 하와의 죄로 땅이 저주를 받아 가시와 엉겅퀴가 난다는 것은 바로 이러한 창조 세계의 왜곡을 암시하는 것입니다. (창 3:16-17) 즉, 이 죄는 비록 창조의 구조 자체를 파괴하지는 않지만 방향을 뒤틀어 잘못된 결과를 낳게 되는 것입니다. 나아가 민수기를 읽어보면 고라 자손의 반역으로 하나님께서 이스라엘 백성들에게 염병을 심판으로 내리시는 사건도 볼 수 있습니다.

하지만 이러한 바이러스도 모든 병을 치유하시는 주님의 구속 사건으로 온전히 회복될 수 있게 되었습니다. 누구든지 예수님을 그리스도로 믿고 죄를 회개하는 사람은 이 치명적인 병에서 깨끗이 낫게 될 뿐만 아니라 하나님의 자녀가 되는 권세를 누리며 하나님 나라의 모든 축복을 유업으로 받게 되기 때문입니다. 흥미로운 것은 사도 바울이 이 복음을 전할 때 이 복음도 한 때는 전염병으로 오해 받기도 했다는 사실입니다. (행 24:5)

메르스 바이러스에도 수퍼 전파자가 있었던 것처럼 우리는 오히려 복음의 수퍼 전파자가 될 때 병든 사회를 치유하고 상한 마음을 회복하여 이 세상에 주님의 나라가 임하며 하나님의 축복인 샬롬을 흘러 보내는 통로가 될 것입니다.

# 북한의 핵실험과
# 경주 지진이 주는 교훈

 지난 2016년 9월 한반도는 두 사건으로 큰 충격에 빠졌습니다. 첫째는 북한이 9월 9일에 감행한 5차 핵실험이었습니다. 이 핵실험으로 주변 지역은 강도 5.0의 높은 지진이 발생하였고 다시 한번 국제 사회는 이를 규탄하고 있습니다. 하지만 불과 사흘이 지난 12일에는 경주 남남 서쪽 8km 지점에서 발생한 강도 5.8 지진은 지금까지 기록된 지진 중 가장 강력한 규모로 전국을 흔들었고 그 이후에도 규모 4 안팎의 강한 여진이 발생하면서 경주 시민들은 거의 패닉 상태가 되어 가고 있습니다. 이 두 인공 및 자연 지진은 한반도 전체를 흔들면서 이곳에 사는 사람들을 더욱 불안으로 몰아가고 있습니다.
 이러한 두 사건을 우리는 어떻게 이해해야 할까요? 물론 성경에도 지진이 많이 나옵니다. 지진이라는 단어가 구약에만 약 35번 그리고 신약에는 무려 55번이나 나타나는 것을 볼 수 있습니다. 그런데 하나님께서 땅을 흔드시는 것은 무엇보다 하나님의 권능을 나타내시는 하나의 표현이라고 말할 수 있습니다. 출 19장을 보면 하나님께서 시내산에서 이스라엘 백성들에게 십계명을 주시고 언약을 맺으실 때 지진이 납니다. 16-18절에 번개가 치고 천둥소리가 나며 짙은 구름이 산을 덮은 가운데 나팔 소리가 울려 퍼지자 모든 백성이 두려워서 떨었습니다. 그 때 모세는 백성이 하나님을 만날 수 있도록 그들을 산기슭에 세웠습니다. 그 때에 시내 산에는 온통 연기가 자욱했고 온 산이 크게 진동하였다고 말씀합니다. 그 광경이 얼마나 무서웠던지, 모세도 "나는 너무도 무서워 떨린다" 하고 말하였습니다. 그렇지 않겠습니까?

그 외에도 여러 군데에서 지진은 하나님의 전능하심과 엄위하심을 나타내고 있습니다. (욥 9:6; 사 29:6; 렘 10:10; 겔 3:12) 신약 성경을 보면 예수님께서도 전쟁과 지진은 종말의 징조라고 분명히 말씀하십니다. (마 24:7) 또한 예수님께서 십자가에 돌아가실 때에도 큰 지진이 일어났는데 (마 27:54) 그것을 보고 로마 백부장 및 그와 함께 있던 사람들은 두려워하며 예수님은 진실로 하나님의 아들이었다고 고백합니다. 나아가 예수님께서 부활하신 날에도 갑자기 큰 지진이 일어납니다. 그러니까 로마 군병들이 정신이 나가 죽은 사람처럼 창백해지지요. 죽음의 권세를 깨뜨리는 하나님의 능력이 그렇게 나타난 것입니다.

사도행전에 보면 바울과 실라가 유럽으로 건너가 빌립보에서 복음을 전하다가 억울하게 감옥에 갇혔지만 하나님께서 그 땅에 지진을 일으켜 감옥의 터가 흔들리게 하십니다. 그러자 곧 문들이 모두 열리고, 모든 죄수의 수갑이며, 차꼬가 풀렸고 (행 16:26) 그 간수가 주님께 돌아오는 놀라운 역사가 일어납니다. 복음의 역사를 인간이 막을 수 없음을 보여 주는 사건입니다.

나아가 마지막 때에 하나님께서는 땅 뿐만 아니라 하늘도 흔드시겠다고 말씀합니다. (학 2:21-23) 히브리서 기자도 이 말씀을 12:26-27에 그대로 인용하고 있습니다. 이렇게 하시는 까닭은 흔들리지 않는 영원한 것들만 남아 있게 하시려고 하는 것입니다. 결국 지금 하늘과 땅은 언젠가 사라지고 주님께서 다시 오실 때 새 하늘과 새 땅이 이루어진다고 약속하십니다. (계 21:1) 그러므로 천지를 뒤흔드신다는 것은 결국 하나님께서 새로운 하나님의 나라를 완성하신다는 뜻입니다. 사도 요한은 이것을 여러 환상들을 통해 보았습니다. (계

6:12-17; 8:5; 11; 16) 마지막 때에 인류 역사상 최대의 지진이 일어나면서 인간들이 만든 모든 바벨탑과 바벨 문명들이 하루 아침에 무너져 잿더미가 될 것입니다. 그 후에 하나님의 심판이 있을 것을 분명히 보여 줍니다.

하지만 이것이 전부는 아닙니다. 우리에게는 놀라운 소망이 있기 때문입니다. 그것은 바로 하나님께서 우리에게 주시는 영원히 흔들리지 않는 하나님의 나라(unshakable Kingdom of God)입니다. 히 12:28에 하나님의 백성들은 바로 이 나라를 축복으로 받았다고 말씀합니다. 누구든지 주님의 복음을 믿고 순종하는 사람은 하나님께서 이런 나라를 선물로 주십니다. 하나님의 나라는 절대 흔들리지 않는 나라, 가장 안전한 나라, 영원히 견고한 나라입니다. 나아가 히 12:22-24에 보시면 하나님의 백성들은 이미 이 나라에 와 있다고 말씀합니다. 이 영원한 소망을 감사하며 더욱 하나님을 경외하면서 기쁘시게 해드리는 삶이 되어야 하겠습니다.

PART 04

# 세계를 보는 통찰력

**World Transforming Vision**

# 체코의 해골 교회

　체코의 수도 프라하에서 동쪽으로 약 70km 떨어진 곳에 쿠트나 호라(Kutna Hora)라고 하는 도시가 있습니다. 이 도시는 은의 도시로 유명하며 "체코 왕실의 국고"라는 별명을 가지고 있을 정도로 13세기부터 200여 년간 유럽 최대의 광산 도시였습니다. 왕족과 귀족들은 은광 운영으로 막대한 부를 축적했고, 왕실 조폐소를 설치하는 등 당시에는 프라하를 능가할 만큼 막대한 세력을 키웠던 이 도시는 전체가 1995년 유네스코 유산으로 지정 되었습니다.

　그런데 이 도시에 소위 해골 교회(The Cemetery church of All Saints with the Ossuary)이라고 하는 유명한 건물이 하나 있습니다. 원래 이름은 성도 교회이며 그 지하에는 납골당이 있습니다. 13세기에 성지 순례를 다녀온 당시 수도원장은 예루살렘에서 가져온 흙을 뿌린 곳에 교회당을 짓게 되었는데 그러자 많은 체코 및 유럽의 귀족들이 이곳에서 영면하기를 원하였고 후스 전쟁의 사망자들과 14세기 흑사병이 유럽에 창궐할 당시 죽어가는 병자들도 마지막 행선지로 택했다고 합니다. 납골당에는 약 4만명의 뼈가 안치되어 있는데 당시 수도원의 주인인 슈바르젠베르그(Schwarzenberg) 가문의 지시에 따라 1870년에 프란티쉑 린트(Frantisek Rint)라고 하는 체코의 목공예 기술자가 교회당 지하에 묻혀있던 뼈들로 예배당을 꾸미기 시작 하였는데 그 중앙에는 인간의 몸을 구성하고 있는 모든 뼈로 만든 샹들리에가 있습니다. 기타 슈바르젠베르그 가문의 문양도 전시되어 있다고 합니다(아래 외부 및 내부 사진 참조).

입구에는 라틴어와 그리스어로 인류의 구원자 예수라는 뜻인 HIS 가 새겨져 있으며 지하 채플 한 구석에는 커다란 뼈 무덤 피라미드를 볼 수 있습니다. 이 뼈들은 서로 묶지 않고 쌓여있는데 이것은 인간의 뼈는 하나님의 보좌 앞에서 전혀 중요하지 않음을 상징한다고 합니다.

죄의 값인 육체적 죽음은 인간 누구에게나 공평합니다. 하지만 예수 그리스도께서는 성육신하시고 이 땅에서 고난을 받으신 후 십자가에 죽으시고 음부에 내려가셨다가 사흘 만

upload.wikimedia.org/wikipedia/commons/7/7d/H%C5%99bitovn%C3%AD_kapl e_V%C5%A1ech_Svat%C3%BDch_v_Sedlci_u_Kutn%C3%A9_Hory.jpg

에 부활하심으로 우리의 구속을 성취하셨습니다. 그 분이 승천하신 후 성령이 다시 우리 모두에게 내려 오셔서 구속을 한 사람 한 사람에게 적용하십니다. 그리고 마지막에는 모든 죽은 자들을 다시 살리실 것이며 우리 모두는 하나님의 최후 심판을 받게 될 것입니다. 거기서 참된 성도들은 영원한 생명과 함께 하나님 나라의 축복과 상급이 주어질 것입니다. 이것은 이 교회당에 나무 왕관으로 상징되고 있습니다.

이 납골당은 다시 한번 우리 인생의 본질이 무엇인가를 깊이 생각하게 합니다. 그리고 우리는 모두 언젠가 한번은 육체

upload.wikimedia.org/wikipedia/commons/a/ab/Kostnice_Sedlec.jpg

적 죽음을 맛볼 것을 기억하게 합니다. (Memento Mori) 그러므로 전도자는 우리에게 이렇게 엄중하게 경고합니다. "젊은이여, 젊을 때에, 젊은 날을 즐겨라. 네 마음과 눈이 원하는 길을 따라라. 다만, 네가 하는 이 모든 일에 하나님의 심판이 있다는 것만은 알아라." (전 11:9) "할 말은 다 하였다. 결론은 이것이다. "하나님을 두려워하여라. 그분이 주신 계명을 지켜라. 이것이 바로 사람이 해야 할 의무다. 하나님은 모든 행위를 심판하신다. 선한 것이든 악한 것이든 모든 은밀한 일을 다 심판하신다." (전 12:13-14)

# 아헨(Aachen)의 역사가 주는 교훈

 독일의 노르드라인 베스트팔렌 주 서쪽 끝에 아헨이라는 도시가 있습니다. 인구 25만 내외의 작은 도시이지만 네덜란드와 벨기에 그리고 독일 세 나라가 만나는 지점에 위치하며 깊은 역사가 숨어 있는 곳입니다. 로마시대 때 군인들이 이곳을 지나가다 온천을 발견하여 '아하'라는 즐거운 감탄사가 이 도시 이름의 기원이라고 합니다. 하지만 보다 더 정확하게 말하면 남부 독일어의 Ach(e), Aach는 '강, 시내'를 뜻하고 고대 표준 독일어 Aha는 '물, 시내'를 의미하여 어원적으로 라틴어의 물(Aquae), 즉 샘물을 뜻합니다. 따라서 아헨은 온천으로 유명하여 Bad Aachen이라고도 불립니다. 독일에서 Bad 또는 Baden리는 글자가 앞에 들어간 도시들은 영어의

'Bath'로 대부분 온천이 있다는 의미입니다.

중세 시대에는 800년부터 신성로마제국(Holy Roman Empire)을 건설한 카알 대제(Karl der Große, 라틴어로는 Carolus Magnus, 불어로는 Charlemagne, 영어로는 Charles the Great) 대제가 768년에 이곳에 와서 성탄절을 보낸 후 매년 겨울을 이곳에서 지냈으며 796년에 이곳에 대성당 건립을 시작하여 798년에 완공한 후 아헨을 수도로 정하였으며 이후 독일의 왕들 30명과 여왕 12명이 이곳에서 대관식을 한 것으로 유명합니다. 서부 유럽을 정치적, 종교적으로 통일하여 현재 유럽 연합(EU)의 정체성을 세우는 업적을 이루었기에 카를루스는 '유럽의 아버지'로 불리며 카롤링거 왕조의 창시자가 되어 학문적 문화적 활동이 교회 내에서 매우 활발하게 일어나게 되는 카롤링거 르네상스의 주역이 되었고 당시의 교황 레오 3세는 800년 성탄절에 로마에서 카를루스를 로마의 황제로 대관식을 거행했습니다. 따라서 지금도 그는 불란서 및 독일 왕조의 동일한 조상으로 인정받고 있습니다. 그가 814년에 사망하자 그의 시신은 아헨 대성당에 안장되었습니다. 하지만 16세기에 들어와 아헨은 그 영향력을 상실하기 시작하여 대관식도 이곳이 아니라 프랑크푸르트에서 거행되었고 17세기 중반에는 대화재로 큰 손실을 입기도 했습니다.

겨울 아헨의 파노라마 뷰: 앞에 카이저 칼 김나지움,
뒤 중간에 시청 그리고 오른쪽이 대성당
en.wikipedia.org/wiki/Aachen#/media/File:KaiserKarlsGymnasium.jpg

근대에 와서는 특히, 유럽 최고 명문대 중 하나로 꼽히는 아헨 공과대학교가 이곳에 설립되면서 과학, 정보 기술, 공학 분야로 유명하여 아헨은 첨단 산업의 허브가 되었고 전 세계에서 이 대학교에 공부하러 젊은 학생들이 모여듭니다. 아헨 대학병원 또한 유럽 최대의 의료 시설 중의 하나로 손꼽힙니다.

마지막으로 언급할 가치가 있는 것은 1950년부터 아헨 시민 위원회에서는 매년 샤를마뉴 상(독일어로는 카알 프라이즈 Karlspreis)를 유럽의 통합에 특별한 공을 세운 사람들에게 수여하고 있습니다. 전통적으로 이 상은 예수님의 승천일에 시청에서 수여합니다. 지난 2000년에는 빌 클린턴 미국 대통령에게, 2004년에는 교황 요한 바오로 2세에게 그리고 2014년에는 유럽 최초의 대통령으로 선출된 헤르만 반 롬파위(Herman Van Rompuy)에게 수여되었습니다.

이러한 역사를 종합해 보면 아헨은 다시금 우리에게 화해와 연합의 중요성을 일깨워준다고 생각합니다. 하나님께서 삼위일체로 계시듯 세 나라가 만나는 지점에 있는 이 도시는 예로부터 유럽이 하나되는 중심 역할을 감당했습니다. 형제가 연합하여 동거하는 것이 선하고 아름다운 것처럼(시 133) 한국 교회 및 한인 디아스포라 교회는 더 이상 분열하지 말고 더욱 그리스도 안에서 하나됨을 힘써 회복하고 지켜 나가야 하겠습니다. (엡 4:1-6)

# 엠든(Emden)의 영적 유산

지난 2015년 9월 22일(화)부터 25일(금)까지 저는 독일 북서쪽에 있는 니더작센 (Niedersachsen)주에 있는 엠든이라고 하는 항구도시에서 개최된 국제 학회에 참석 하였습니다. 저는 이 도시를 방문하면서 많은 것을 보고 배웠는데 그것을 여기서 나누고자 합니다.

엠든은 종교개혁 기간에 매우 중요한 역할을 했던 도시입니다. 네덜란드가 가톨릭 황제인 스페인 필립 2세의 박해에 저항하여 독립 전쟁(1568-1648)을 일으키자 개신교 피난민들이 몰려들면서 이 도시가 팽창하였고 이 때 폴란드 출신의 종교개혁자 얀 라스키(Jan Laski 영문으로는 Johannes a Lasco, 1499-1560)가 1542년에 와서 1549년까지 머물며 이곳에서 영적 지도자로 많은 종교개혁자들을 양성하며 경건한 삶을 강조하였습니다. 그는 나중에 다시 런던으로 가서 네덜란드 개신교 피난민들을 위한 교회를 세워 나중에 네덜란드가 칼빈주의적인 개신교 국가로 발전하는데 큰 영향을 미쳤습니다. 이 분은 너무나 중요한 업적을 남겼기에 네덜란드의 아브라함 카이퍼는 칼빈과 아 라스코를 비교하는 박사학위 논문을 쓰기도 하였습니다.

이번에 학회가 열린 곳도 엠든에서 가장 큰 교회당이었는데 1570년부터 종교개혁의 중심 교회였다가 2차 세계대전 기간인 1943년 12월 11일에 폭격으로 완전히 파괴되었으나 1992년부터 1994년까지 수리하여 현재 13만권의 장서를 보유한 세계적인 종교개혁 도서관이 되었는데 이 도서관 이름도 1993년에 요하네스 아 라스코 도서관 (Johannes a Lasco Bibliothek, www.jalb.de)으로 명명하였습니다. 최근에는 "Reformed Online"이라는 웹사이트를 통해 종교개혁에 관한 다양한 정보를 온라인으로 제공하고 있습니다.

아 라스코와 함께 우리가 기억해야 할 인물은 요하네스 알튀시우스(Johannes Althusius: 1563-1638)라고 하는 독일 분인데 이 분은 이곳 엠든에서 정치가요 법학자로 군주제를 배격하고 칼빈주의의 영향을 받아 민주연방제를 실시한 기독정치인으로 유명합니다.

엠든의 시청 (www.friesland24.de/emden/sk-rathaus-emden.jpg)

요하네스 아 라스코 도서관 내부
www.zeitzeichen.net/uploads/tx_templavoila/Notizen_a_Lasco_Bibliothek_oben.jpg

이러한 영적 유산을 바탕으로 엠든은 유럽개신교회협의회 (CPCE: Community of Protestant Churches in Europe)에 의해 유럽의 종교개혁도시로 지정되어 다양한 행사가 열리고 있습니다. 16세기 당시에 이 도시는 루터가 활동하던 비텐베르그와 칼빈이 활동하던 제네바와 함께 가장 중요한 종교개혁 도시였으며 '북구의 제네바'라고 불리기도 했으며 16-17세기에는 북유럽의 무역항으로 크게 발전하였습니다. 이와 관련하여 다양한 행사가 진행되고 있습니다. (보다 자세한 내용은 www.emden.de/kultur/reformationsstadt-europas/ 참고) 특히 시내에는 종교개혁 시대의 유적들이 남아 있어 이것을 둘러보는 산책 코스도 있습니다.

지금 이 엠든에는 과거의 네덜란드 피난민들이 대부분 고국으로 돌아갔지만 새로운 항구도시로 발전을 도모하고 있습니다. 인구는 약 5만 명 정도이지만 독일 최대의 자동차회사인 폭스바겐이 50년 동안 이곳에 있으면서 파사트 자동차를 생산하여 백 만대 이상을 영국 등으로 수출하는 것으로도 유명합니다. 한 때 종교개혁의 중심지였던 엠든을 돌아보면서 우리도 이 시대의 시대적 사명이 무엇인지 늘 기억하면서 주님의 뜻을 이루어 드리는 삶을 살아야 하겠습니다. (행 13:22)

# 리투아니아의
# 십자가 언덕

지난 여름 저는 특별한 휴가를 가졌습니다. 어디 멀리 좋은 곳에 다녀온 것이 아니라 편안히 집에서 가족들과 함께 지내면서 인터넷으로 세계일주여행을 한 것입니다. 평소에 가보고 싶었지만 여러가지 여건상 갈 수 없었던 다양한 나라들을 체계적으로 소개해주는 동영상을 보면서 저는 현대 기술에 감사하며 '가상 체험'을 할 수 있었습니다.

그 중에 제가 인상깊게 방문한 곳이 바로 발트 3국, 즉 에스토니아, 라트비아 그리고 리투아니아였습니다. 다양한 영상과 해설을 통해 많은 것을 새롭게 배웠지만 그 중에도 제 마음에 큰 감동을 준 것은 바로 리투아니아 제 4의 도시인 샤울레이(Siauliai)에 있는 '십자가 언덕(Kryziu kalnas)'이었습니다

upload.wikimedia.org/wikipedia/commons/thumb/f/f6/Kry%C5%BEi%C5%B3_kal nas_2013.JPG/800px-Kry%C5%BEi%C5%B3_kalnas_2013.jpg

(위의 사진).

고대에 리투아니아인들은 발트 신화의 다신교를 믿어 슬라브 신화의 페룬에 해당하는 최고신 페르쿠나스(Perkunas)를 숭배하는 전통이 무려 14세기까지 이어져왔습니다. 하지만 당시 야기에우워(Jogaila) 왕이 가톨릭으로 개종하면서 수도 빌뉴스(Vilnius)에 있던 페르쿠나스 신전과 그 주변을 둘러싸던 삼림을 다 제거하고 기독교 국가가 되었습니다. 이렇게 이들이 복음을 받아들인 것은 유럽 국가들 가운데 가장 늦었지만 나중 된 자가 먼저 된다는 예수님 말씀처럼 이들의 신앙심은 무척 깊습니다. 그래서 이 나라는 도시 중앙에 성당들이 아주 많으며 특별히 이들의 신앙심은 위기의 순간에 더욱 빛났음을 알게 되는데 그 대표적인 유적지가 바로 이 '십자가 언덕'입니다. 이 곳은 18세기에 리투아니아가 프로이센-오스트리아-러시아에 의해 분할 당했던 시절에 사람들이 독립을 염원하면서 십자가를 세우기 시작한 것에 유래되었습니다.

특히 구 소련 치하에 있던 시절에는 민족의 성지로 꼽히기도 했다고 하는데 리투아니아 국민들이 구 소련의 압정에 대항하면서 한 사람 한 사람이 이 언덕에 십자가를 세웠다고 합니다. 하지만 소련 정권은 이 언덕을 세 번이나 불도저로 밀어버렸다고 합니다. 그럼에도 불구하고 리투아니아 국민들은 절망하지 않고 다시 이곳에 평화로운 저항의 상징으로 하나 둘 십자가를 세웠고 마침내 그 십자가의 능력으로 독립을 쟁취하여 지금은 이 십자가 언덕을 보기 위해 전 세계에서 순례자들이 방문하여 많은 감동을 받는다고 합니다. 지금도 이 곳에서는 평화를 위해, 조국을 위해 그리고 독립 전쟁 때 순국한 호국영령들을 위해 기도하는 장소이며 최근에는 신혼 부부들이 와서 서로 사랑을 확인하며 주님의 축복을 기원하는 장소로도 사용되고 있습니다. 통계에 의하면 2006년 현재 십자가 수는 어림잡아 10만개라고 합니다.

저는 이 십자가 언덕을 보면서 주님께서 십자가를 지신 갈보리 언덕을 묵상해 보았습니다. 이 세상의 모든 죄를 짊어지시고 갈보리 언덕에 올라 가셔서 친히 십자가에 달려 돌아가시고 다시 사흘 만에 부활하신 주님. 그 주님의 십자가 능력을 바로 믿는다면 이 세상에서 어떤 어려움을 당해도 절망하지 않을 것입니다. 리투아니아 국민들은 그 믿음을 온 세상에 분명히 증거했고 그것을 이 십자가 언덕이 확실하게 보여주고 있습니다.

비록 리투아니아에 있는 십자가 언덕에 직접 갈 수는 없다 할지라도 우리의 삶의 중심에 이러한 십자가 언덕이 있다면 우리는 세상이 아무리 힘들고 어려워도 우리가 아무리 약할지라도 약할 때 강함 되시는 주님의 십자가 능력으로 넉넉히 이기며 최후의 승리를 맛볼 것입니다(롬 8:37).

# 중국 심천(深圳, Shenzhen)의 역동성

지난 2016년 4월 말 저는 중국 남쪽에 있는 신도시 심천을 잠시 다녀왔습니다. 심천 또는 선전이라고 불리는 이 도시는 최근 몇 십 년 만에 중국의 4대 도시(베이징, 상하이, 광저우, 심천)가 되었습니다. 지금 이 심천은 '중국의 실리콘 밸리' 또는 '창조 혁신의 메카' 라고 불립니다.

원래 이곳은 매우 보잘것없는 농촌지역이었는데 1980년에 중국 최초로 경제특별구역으로 지정되면서 급속히 발전하기 시작했습니다. 현재 도시 면적은 서울의 약 3배이며, 인구는 1500만 명으로 이미 서울을 넘어섰고, 기업 숫자만 200만개가 넘습니다. 어떤 사람은 이를 '중국판 한강의 기적' 이다 또는 '중국의 창업 1번지' 라고 부릅니다. GDP가 지난 35년만에

images.paramountbusinessjets.com/cities/shenzhen.jpg

9,200배 상승했으며 현재 중국 도시들 중에서 도시경쟁력, 창조혁신지수, R&D 투자, 수출, 인구 밀도 및 친환경도시로 1위입니다. 일인당 소득도 2만 5천불로 중국에서 가장 소득이 높은 도시로 시내 여성들의 옷차림을 보면 금방 느낄 수 있을 정도입니다. 나아가 적극적인 친 외국기업 정책으로 포춘의 500대 글로벌 대기업들 중 200개사가 이 심천에 진출해 있으며 홍콩과 인접하여 중국 금융의 허브로 부상하고 있습니다. 또한 이 도시 인구의 평균 연령이 33세로 중국에서 가장 젊은 도시이며 지금도 계속해서 젊은이들이 몰려 들어 창업 열풍이 불고 있습니다. 이것을 두고 중국인들은 심지어 '天堂向左,

深圳住右 (왼쪽에 천당이 있다면 오른쪽에 심천이 있다)' 라고 할 정도입니다. IT, 바이오 및 신 에너지 산업에 집중하면서 전략적으로 신흥 산업에 집중 투자하고 있습니다.

도심에 가보니 맨하튼이 부럽지 않을 정도로 초고층 빌딩들이 즐비하며 세계에서 두 번째로 높은 건물도 볼 수 있었습니다 (윗 사진). 특히 화창베이(華强北) 유통단지는 서울의 용산 전자 상가와 비슷하지만 이제는 더 이상 짝퉁 중심이 아니라 글로벌 IT Supply Chain 메카가 되었습니다. 특히 이곳은 중국 창업 1번지로 우수한 인프라, 편리한 제도 그리고 든든한 정부 지원을 등에 업고 최대 창업 플랫폼인 'Maker Fair Shenzhen' 도 개최하고 있습니다. 만약 2020년까지 홍콩과 합병할 경우 금융 및 제조업 간의 시너지가 일어나면서 세계 3대 도시로 발돋움하게 된다고 하며 국제 전자상거래도 이미 심천이 중심이 되었다고 합니다. 최근 부상하고 있는 드론 산업도 이곳에서 활발하게 진행되고 있고 세계 최대의 골프장도 이 곳에 있다고 합니다.

비록 짧은 기간이었지만 심천을 보며 중국이 이제는 더 이상 과거의 중국이 아니라 전 세계 경제를 주도하는 대국이 되었음을 실감할 수 있었습니다. 이러한 중국을 보면서 이 곳 심천에도 하나님의 나라가 선포되고 더욱 확장되어야 함을 깊이 느낍니다. 이곳 출신의 한 청년 대학생이 제가 섬기는 한동대에 교환학생으로 오게 되었고 이 학생이 이번에 가이드로 도와 주었는데 어떻게 그리스도인이 되었느냐고 물어보니 한 미국 그리스도인 학생이 중국에 교환학생으로 와서 복음을 전해 주어 믿게 되었으며 지금 부모님을 전도하는 중에 있다고 합니다.

이렇게 복음의 역사는 신비롭게 그리고 은밀하게 계속해서 중국에서 일어나고 있습니다. 앞으로 이 심천이 단지 경제의 중심이 아니라 '복음의 중심'이 되어 전세계로 샬롬을 나누어 주는 축복의 통로가 되길 기도합니다.

# 세도나(Sedona)의 도전

지난 2015년 7월 중순, 저는 미국 애리조나(Arizona) 주에 있는 세도나라는 도시를 잠시 방문한 적이 있습니다. 이 세도나라는 도시는 인구 만 명 정도인 소도시이지만 붉은 사암들이 햇볕을 받으면서 매우 기괴한 모습을 보여 매년 수많은 관광객들이 모여드는 곳이기도 하며 특히 신비로운 영적 체험을 하기 원하는 사람들이 많이 방문하고 있습니다(아래 사진). 이 도시의 이름은 첫 우체국장인 테오도르 칼톤 슈네블리 (Theodore Carlton Schnebly)의 부인으로서 매우 손님들을 잘 접대했으며 부지런하기로 유명했던 세도나 아라벨라 밀러 슈네블리(Sedona Arabella Miller Schnebly: 1877~1950)의 이름에서 유래한다고 합니다. 많은 영화배우들이 이 세도나를 배경으로 영화와 사진을 촬영하여 이 도시는 '애리조나의 작

은 할리우드'라는 별명도 가지고 있습니다.

그래서 이곳에는 매년 다양한 페스티벌이 개최되는데 그 중에는 국제 영화 페스티벌, 요가 페스티벌, 일루미네이트 필름 페스티벌 등이 있으며 기타 다양한 예술 활동도 펼쳐지고 있습니다. 하지만 필자의 관심을 가장 많이 끈 것은 이곳에 있는 '뉴에이지 센터(Center for the New Age)'입니다. 세도나 다운타운에 있는 기념품 가게에 들어가보면 다양한 뉴에이지 상품들을 볼 수 있는데 (아래 사진) 대부분 힌두교와 불교가 혼합되어 있음을 볼 수 있습니다. 최근에는 심지어 한국에서도 이러한 영적 체험을 하기 위해 관광객들이 모여들며 이에 관한 방송 프로그램도 제작된 적이 있다고 합니다.

물론 이 세도나에도 주님의 몸된 교회가 여러 군데 있음을 확인할 수 있었습니다. 1956년 성 십자가 채플(the Chapel of the Holy Cross)은 300미터 높이에 있는 붉은 반석 절벽에 21미터 높이로 아름답게 건축되었고 그 외에도 다양한 교단에서 교회를 세운 것을 볼 수 있었습니다. 하지만 보다 신비적인 신앙을 추구하는 동서양의 많은 사람들은 이 세도나에서 특별한 영적 체험을 추구하면서 요가, 뉴 에이지(New Age) 음악 등을 통해 뉴 에이지 사상에 빠져드는 것을 봅니다.

이 뉴 에이지는 1970년대 서양에서 일어난 하나의 영적 운동으로 정확한 개념 정의는 어렵지만 대체적으로 우주를 총체적으로 이해하고 물병자리의 시대(Age of Aquarius)가 도래했음을 강조하면서 특히 인간 자신의 영성 및 권위를 강조하며 치유 등을 추구하는 세계관입니다. 나아가 이 운동은 동양의 힌두교와 불교, 도가 및 요가 사상 등이 범신론, 다신교, 과학, 점성술, 이슬람의 수피즘, 시크교, 영지주의 등과 혼합하면서 동서양의 모든 사람들에게 매우 매력적

으로 보이기도 합니다. 하지만 좀더 분석해 보면 이 뉴 에이지는 결국 범신론적인 사상으로 인간 중심적 구원을 추구하는 사상입니다. 겉으로 보면 매우 설득력이 있어 보이지만 궁극적으로 진정한 구원을 확실하게 보장할 수는 없는, 광명한 천사로 가장한 사탄의 고등 전략임을 우리가 잊어서는 안될 것입니다.

길과 진리와 생명이시며 하나님의 아들로 이 땅에 오신 예수 그리스도 안에 진정한 새 생명이 있으며 새로운 창조의 역사가 있고 새 하늘과 새 땅 그리고 새 예루살렘이 완성되며 참된 새 세계와 새 시대가 이미 시작되었고 그 분의 재림 시 완성됨을 기억하면서 영적 혼돈이 더해지는 이 시대에 더욱 경각심을 잃지 말아야 할 것입니다. (고후 5:17; 계 21:1-4)

*World Transforming Vision*
# 세상을 변화시키는 비전

■
1판 1쇄 인쇄 / 2017년 2월 10일
1판 1쇄 발행 / 2017년 2월 15일

■
**지은이** / 최 용 준
**펴낸이** / 민 병 문
**펴낸곳** / 새한기획 출판부

**편집처** / 아침향기
**편집주간** / 강 신 억

■
100-230 서울 중구 수표동 47-6 천수빌딩 1106호
☎ (02)2274-7809 • 2272-7809
FAX • (02)2279-0090
E.mail • saehan21@chollian.net

■
**미국사무실** • The Freshdailymanna
2640 Manhattan Ave. Montrose, CA 91020
☎ 818-970-7099
E.mail • freshdailymanna@hotmail.com

■
**출판등록번호** / 제 2-1264호
**출판등록일** / 1991. 10. 21

**값 8,000원**

ISBN 978-89-94043-97-5 03230

Printed in Korea